生まれかわるなら
生きてるうちに

乾　晴彦

独自の経営哲学と空間創造、
革新的料理を積み上げてきた35年

旭屋出版

はじめに

新しく飲食店が100軒出来たとして、それらが10年経てば何軒残っているか、統計的にご存知ですか？

答えは、約5軒と言われています。

それが、30年ともなると、確率は更に低くなり5千軒に1軒とも。

そう考えてみると、『六本木浜藤』は開店早々風前の灯火の如きスタートで、その後も紆余曲折がありますが、この本の発行日である令和元年9月23日に、よく35周年を迎えることが出来たものです。

もう万事休すかと思った時期もありました。

運やタイミングが良かったこともありますが、よくここまで持ち堪えたと思います。

飲食店のみならず、事業を始める時には大概、設備投資などのために借入金をすることが当たり前の様に思われています。

私は、この固定概念に大きな落とし穴があると考えます。

なぜならば借入金の返済は、利益を計上して税金を支払い、残った金銭から支払う必要があるからです。

ほとんどの場合、借入金の返済のために働く日々が続き、体力を消耗し、廃業に追い込まれるパターンが、前記の数字に反映されているものであると思われます。

要するに自身の身の丈を知り、その範囲で商売を始めることが重要です。

固定概念と言えば、串カツには「ソース二度漬け禁止」などと言われる様にソースありき、ふぐ屋では「ふぐの味はポン酢で決まる」などと言われたりすることがしばしばあります。

もちろん、私も『串の坊』ではソース、『六本木浜藤』ではポン酢も原料からこだわり、一生懸命に作っていますが、何となくこれらの言葉に対して違和感を覚えていました。

その私の違和感が、串カツでは「串の坊Ｓｐｅｃｉａｌ」に、ふぐでは『六本木浜藤』の白トリュフふぐにつながっていくことになるのです。

この本では、志してから長年かかることになりましたが、借入金依存体質からの脱却を軸にした「経営哲学」、インテリアデザイナーをはじめ、さまざまなアーティストとのコラボレーションでの「空間創造」、ソースやポン酢を排除した、新しい串カツとふぐ料理の世界が成り立っていく過程の「革新的料理」が中心に描かれています。

これらを、スタッフに半年に一度発行している「串の坊新聞」の私の生原稿と実体験、実数を織り交ぜながら書き下ろしました。

生まれかわるなら生きてるうちに —— 目次

『六本木浜藤』誕生

花の東京六本木に　いざ出陣

1984年春、当時は存在した新幹線の食堂車で田園風景を見ながら、亡き父の乾寛治はいつも「この稲穂が実る頃にはいよいよ始まるなァ」と呟いていました。

同年9月23日に迫った『六本木浜藤』の開店に向けて二人は度々上京しました。元々、東京でふぐ料理屋を始めたいと言い出したのは父でした。

父は、業務用促成野菜業を営むかたわらで、『串の坊』の経営にも参画し、大阪宗右衛門町で開業したミニ懐石料理店『雛懐石手塩皿　歩一劦《ひょこいちりき》』も経営、大人気店でした。

当時、大阪では空前のふぐブームで、端から見ていると客単価も高くて冬場は何処のふぐ料理店も混んでいるので、閑散とした夏のふぐ屋は想像せずに、とても儲かりそうな職種と父は思い込み、ふぐ料理屋をやりたくて仕方なかったのです。

促成青果業のふぐ料理店のお得意さんが何軒かあったので大阪では出店しづらかったのと、その頃まだ大阪の味のふぐ料理屋が東京にはほぼ無かったのとで、東京に出店しようということになりました。

父自身は大阪での仕事があるため東京には住めないので、修業先のロサンゼルスから戻ったばかりの若干22歳の私を引っ張り出して来て、ふぐ料理店を構えさせ、しかも自分自身で経営するようにとの指令が来ました。

その物件は当時、『串の坊六本木店』でしたが、営業的に苦戦していましたので、閉店して今で言う業態変更し、別会社にしてふぐ屋として出店することになりました。

今から思えば父のまさかの無茶振りで、私は何がなんだか分かりませんでしたが、いずれにしてもふぐ料理のことは何一つ分かりません。

取り急ぎふぐ料理店に少しでも見習いに行く必要がありました。

修業先の栄枯盛衰

そこで、社長の和泉候軌氏が父の親友で、さらに長男の光男氏が私の高校の先輩だったご縁で、当時隆盛を極めていた大阪黒門市場の『黒門浜藤』に3ヶ月間、ふぐ料理屋の営業ノウハウを教わりに行きました。

それは私にとって、過酷な3ヶ月間無休の修業でした。和泉社長と共に朝3時40分から大阪中央市場でのふぐの競りから始まります。

大阪一の繁盛店だけに、取扱量が毎日1トン、多い時は2トン位のふぐをさばきます。競り落としたふぐは、美味しい河岸の朝食を食べた後に、『浜藤道頓堀店』の地下の調理場に運びます。

本来なら、車からふぐを下ろして一刻も早く活け〆にする作業をすると、少しでもふぐが新鮮なまま保たれるのですが、社員は午前8時出勤なので早朝5時には和泉社長と私しかいません。

完全主義者の社長は、一刻も早く仕入れたふぐを処理したくて仕方がないのですが、夜まで働いている私を気遣って、「晴彦くん、今日は、ふぐをこのままトラックに積んだままにして、後で皆んなが来てからやろう」と優しく私に言います。

店の鍵を持っていない私は、「社長、私が処理しておきますので鍵を貸して下さい」と言うと、

「おー、そうか大丈夫か？　ほんなら一緒にやろう」と嬉しそうに荷降ろしが始まります。

たった2人での作業なので、当時22歳の私は60歳の和泉社長に運ばせるわけには行きま

せんので、社長になるべく運ばせまいとして、私は必死のスピードで運び、地下の調理場で全てのふぐを〆ます。

このやり取りは、結局、修業していた3ヶ月間、ほぼ毎日のように続きました。

朝8時になると従業員が出社し、午前中はふぐさばき、午後には調理、夜はホールに出て接客と、ほぼ一日中働きました。日曜日は朝の競りがないので朝8時出勤がとても楽に感じられる程でした。

そうして、3ヶ月の修業が終わりました。

私は、和泉社長にとても気に入られたみたいで、「晴彦君、ウチは東京ではようせんから、六本木に出す店の屋号を浜藤にしてくれへんやろか?」と懇願されて、特に屋号までは決めてなかったので、『六本木浜藤』と名付けました。

当初は黒門市場の『浜藤』と『六本木浜藤』は姉妹店の様な雰囲気で営業していました。

しかし、和泉社長の料理に対する異様なこだわりで徳島県に設立した、ふぐの解体やポン酢などの製造工場はとても素晴らしいものでしたが、それによって過剰投資した結果、1992年冬に倒産し、その後は債権者によって営業は続けているものの、『六本木浜藤』

と『黒門浜藤』の直接的な縁は切れ、屋号は同じでふぐ料理店同士ですが、別々の独自の路線を歩む様になりました。

私は若くして、空前絶後の大人気店でも店主の舵取り一つで会社が路頭に迷ってしまうことを極身近かで実感することになりました。

和泉侯軌氏は、経営破綻してしまったのは残念でしたが、以後、私が出会った人達の中でも、料理に対する考え方と店造りにおいて大胆かつ繊細で、右に出る者のいない程、天才肌の料理人でした。

『六本木浜藤』創業期

難行苦行の始まり

1984年夏、『六本木浜藤』の開店に際して、内装工事の打ち合わせ、レイアウト、厨房機器の選定、食器の購入、メニューの作成、銀座の調理師斡旋事務所から料理長として大内三郎という職人を紹介してもらい、アルバイトニュースでホールスタッフを募集など、一人で黙々とこなしていました。

銀行から5,000万円を借入れ、株式会社串の坊からは店舗の保証金の3,000万円を借り、いきなり8,000万円の借金。

当時の銀行金利は8.8%でしたので、毎月10日に銀行には元金50万円と金利36万円で86万円超、月末には株式会社串の坊には月末に金利だけの支払いで22万円。

今考えてもぞっとする金額です。

そして、いよいよ開店、新聞の折り込みチラシなどの効果によって、期待が大きかった分順調とは言えませんが、忘年会シーズンの12月にもなると満席になる日も多く、それなりの滑り出しでした。

しかし、3月の彼岸も過ぎて4月に入るとやはりふぐ料理専門店だけに、急に客足が遠のいて閑古鳥状態が続きました。

最悪なのは夏場で、お鍋は暑いので冷ややかなふぐ懐石料理を考案し、提供したりしましたが、ふぐという季節感には焼け石に水。

灼熱の8月になると最悪で、1週間にお客様が2人しかお越しいただけない週もあり、胃に穴が開きそうな（十二指腸潰瘍を患ったことも）日々を過ごします。

この頃の私は、この世に星の数程あるレストランで、お客様がその夜『六本木浜藤』を選んで来てもらえることは奇跡だと感じていて、『六本木浜藤』にご来店のお客様に対して驚きと感謝は海よりも深いものでした。

しかし、料理と向き合う以前に、10日の業者の支払いと借入金返済、25日の給与支払い、月末の家賃等月々の支払いに追われていました。

運転資金も枯渇すると父親に連絡して資金を補填してもらうのですが、当初は夏場になると毎月毎月資金の補填をねだる親不孝息子に、親父はたまに文句を言いながらでしたが、よく付き合ってくれたものです。

心に沁みる金言

一番苦しい時によくご来店下さった、コクヨの黒田靖之助社長（当時）が順天堂大学病院に入院された時、「病院のご飯は美味しくないからお弁当作って」と請われて、毎日『六本木浜藤』でお弁当を作って病院に運びました。

その時の黒田社長との会話のつれづれに今でも心に沁みる金言をいただきます。

「あんたは経営者やろ、傍に飛車や角のような従業員がおったらええなぁと思うやろ。でもな、飛車や角は器量好しやから独立して自分でやりよるねん。せやから経営者は桂馬や香子を駆使して勝負せなあかんねんでぇ」など話していただきます。

ある日は「晴彦くんな、経営ってもんはなぁ、泥水の中を匍匐《ほふく》前進する様なもんや、その泥々になる行為も楽しくて好きになれないと、真の経営者にはなられへんよ」と辛い日々に勇気をもらえる言葉でした。

伊丹十三監督の「マルサの女」の台詞より、沁みる話です。

水の入ったコップを前に山崎努さんがマルサの女、宮本信子さんに「あんた今、ポタポタ落ちてくる水の下にコップを置いて水溜めてるとするわね。あんた喉が渇いたからって、まだ半分しか溜まってないのに飲んじゃうだろ。これ最低だね。並々一杯になるのを待って、それでも飲んじゃダメだよ。一杯になって、溢れて、垂れてくるやつ、これを舐めて我慢するの。」

デビュー当時の嘉門達夫さん

丁度その頃、後に大親友となる歌手の嘉門達夫氏が、私の旧友の両親が営んでいた大阪茨木駅前の水餃子の店『哈爾濱《ハルビン》』で、「うっとこの息子の友達が六本木でふぐ料理屋始めてん、あんた行ったって」と言われて、嘉門氏律儀に来てくれました。しかし当時はまだ26歳。スターダムの階段を登りかけの若手には、ふぐ料理は高額で、「おかあちゃん、今の僕には高かったわ」と。

嘉門氏と再会して、深い付き合いになるのは、しばらく先のことになります。

大阪弁のふんわりに東京が和んだ日

やはり現実は厳しくて、料理長の大内は「私はバリバリ頑張りますので、『六本木浜藤』にお客様連れて来て下さい」と、凄くヤル気があるのにお客様が来なくて、彼らが暇で辛そうにしている姿を見てまたプレッシャーで胃がキリリ。

居ても立っても居られず藁をもすがる気持ちで、毎日夕方になると店の前に出て通りすがりの人に「今夜の食事は決まっていますか？　この上でふぐ料理屋をしているので食べに来て下さい」とチラシを配りながら声を掛けていました。

そうしているうちに、呼び込みに応じてくれたヤクザのお客様に頻繁にご来店いただける様になりました。

私は、この世に星の数程あるレストランから『六本木浜藤』を選んで来てくれる大事なお客様を、誠心誠意に対応しました。

ある日、毎日のように御来店いただく若頭が、親分と子分を連れて20名程でご来店いただきました。

若頭は私を呼んで、「親分、私の友達の乾さんです。彼はとってもいい人で俺は大好きなんです。俺たち半端者は何処の店に行っても煙たがられて嫌がられるんだけど、こいつは俺に来てくれ、来てくれって言ってくれるんですよ」と紹介されました。

その後、ますます『六本木浜藤』はヤクザの溜まり場になっていき、20人位の団体でお見えになることも頻繁になりました。

私もさすがに店の雰囲気が悪いと気にしていたところ、ある日常連のお客様が、「ここはいい店だし、美味しいし将来有望な店なのにヤクザが多すぎて他のお客様は怖くて来たくても来れないから、気をつけた方がいいよ」と進言してくれました。

やはりそうだなと思い、自分自身で告げるのは若頭は仲良くなり過ぎていてなかなか言えなくて躊躇していたところ、大阪からお袋がたまたま上京していたので、この件をお願いして伝えてもらいました。

「すんません、いつも来てくれはるのは嬉しいんですけどね、なんかよそのお客さんが怖がってはりますねん。せやから、こんな大勢さんで来られるのはちょっと…」と、大阪弁でやんわりと伝えてくれました。

すると例の若頭、「何やて、店主が来てくれ来てくれって言うから来てんのに、俺たちにもう来んなっていうことか?この店潰すの簡単やぞ、若い衆20~30人に毎晩この店の前に立たしとこか」とえらい剣幕です。

「それは困りますわ~、私ら素人やし、そんなことされたら店が潰れてしまいますわ」とお袋がやんわりと答えます。

しばらく若頭とお袋が、ふんわりとやりとりをした後、

「そうか、よっしゃわかった。それは女将さん、迷惑かけてえらいすみませんでした。そしたら俺たち幹部だけやったら来てもええですか?」と聞かれ、「あまり大勢さんではのおて、こっそり来てくれはるぶんには歓迎ですわ」と伝えると、若頭も納得していただけたご様子で、この難局を乗り切ることが出来ました。

しかし、お客様がなかなか来ていただけなくて困っていた時には、随分と私も『六本木浜藤』をも助けてくれた人なのに、心の中で手を合わせて若頭に何度も何度も謝りました。

『六本木浜藤』バブル期に突入

ふぐ屋の夏は残酷な時間

秋になると、『六本木浜藤』はふぐ料理専門店だけに、夏の閑散期とはまるで違う店の様に、たくさんのお客様にご来店いただけます。

その頃の私は、『六本木浜藤』の冬場は放っておいても忙しくて商売になるので、夏場をどうやって商売につなげるか、そして従業員を退屈させないで過ごせるかばかりを考えていました。

夏季の営業は2年目になると、実家が大阪宗右衛門町で営業していた『雛懐石手塩皿歩一劦《ひょこいちりき》』という小皿で懐石料理を提供する店舗が人気店だったので、六本木でも春から夏にかけては雛懐石手塩皿、秋から冬にかけてはふぐ料理専門店と業態を二刀流での営業。

夏場も少しずつではありますが、お客様にご来店いただけるようになってきました。

4年目には、『六本木浜藤』は、鍋料理店ということもあって、関西で人気の夏の風物詩「活はも料理」を思い付き、冬場は「ふぐ」、夏場は「はも」という、比較的分かりやすい展開での営業になりました。

澤屋まつもとの庄平さん

とは言え、夏場は比較的暇でしたので、私の学生時代から懇意にしていた蔵元さんで、京都日出盛の松本庄平氏と一緒によく旅に出掛けました。

その旅というのも、元々、日出盛という黄桜の本家でもある五千石の蔵元さんですが、この先全国の地酒屋だけに流通させる酒を作ることが将来的に必要と「澤屋まつもと」ブランドを立ち上げて、自ら車で全国のお得意様の地酒屋を行脚の旅に出ていて、それに私も便乗するという旅です。

日本最北端の稚内の海岸で、ご飯を炊いて食べたり、厚岸の海岸で牡蠣を焼いて食べたりと、奇行を繰り返しながらの楽しい旅です。

松本氏は私から見ても随分変わった人で、初めて出会ったのは、私が高校1年生の時でした。

冬休みに、たまたま『串の坊』の社員旅行が志賀高原のスキー場に行くというので、同行した時に出入り酒業者として来られてました。

いよいよ大阪難波からバスに乗り込み出発です。

程なくして高速道路を走っているバスで隣の席の松本氏が「晴彦さん、ビニール袋ありませんか?」と。時効でしょうから書きますが、何をするのかと思いきや、いきなりビニール袋にオシッコして、窓からピョイと投げ捨てました。

見てると、斜め後ろの車は雨でもないのにワイパーを。

さぞかしびっくりされたことでしょうね。

部屋の中では、ふんどしが干されていたり、大学時代はスキー部でノルディックの日本代表強化選手だったので、やたらとスキーは達者ですが、スキー場に来る時のままのスーツとコート姿でスキーをしていました。

ゲレンデで転倒した女性を見つけると、シャーと巧みに滑り、真ん前でキュッと止まり、「ねーちゃん、スキー教えたろか?」と、一応口説く。

カッコいいのか悪いのか分かりませんが、世間知らずの私には今まで見たことのない人種だったので、徐々に惹かれていきました。

松本氏は、蔵元で在りながら大の料理好きで、学生時代に琵琶湖でリヤカーを引きながらのチャルメラのラーメンに魅せられて、その味を盗むために時間があれば助手をしてラーメンの味を完成させました。

松本氏は松本酒造の三男でしたので、酒造りは兄達に任せて自らはワインの勉強のために明治屋に就職。その後、さらにワインの勉強をするためにフランスに単身で何のアテもなく乗り込みます。

フランスでワインを飲むためには、働いてお金を稼ぐ必要があるので、飲食業の人と組んでラーメンとカレーライスの店を出店しました。

当初はシャルルドゴール空港に出向いて、日本人を見つけてはチラシを配ってお客様集めから始めてましたが、店は瞬く間に大繁盛してフランスで初めてラーメン屋を成功させた人になりました。

この話が、後に伊丹十三監督による大ヒット映画「たんぽぽ」の原案になりました。

そして、伊丹十三監督から「たんぽぽ」で松本庄平役での出演依頼がありましたが「立ち小便が出来なくなると困る」という理由で固辞。これは、かの福本豊氏が国民栄誉賞を辞退された時の有名なセリフですが、松本氏の話はそれより以前の話です。結局、スッポンをさばくシーンの手だけ出演ということになり、暇な夏の『六本木浜藤』でスッポンをさばく練習をしては伊丹監督以下、知り合いを毎週呼んでのスッポン大会を開催する様になりました。

ちなみに、「たんぽぽ」の庄平役は、役者の中で松本庄平氏に似ているということで、桜金造氏が抜擢されました。

ようやく見つけた自分の居場所

そんな経緯もあって、私も伊丹監督と懇意にさせていただける様になり、続く「マルサの女2」でのふぐ料理のシーンの料理を任され、さらに次の「あげまん」では全ての料理シーンを任されて、板前役としても出演することになりました。

その後、伊丹映画のテーブルコーディネートをしていた石森スタジオと組んで、コマーシャルでの料理の作成などの仕事をもらえるようになり、ヱビスビールやサントリービールなどのコマーシャルの料理を担当するなどもし、私も従業員もようやく一年を通して居場所が見つかりました。

夏場の期間、利益を得るには程遠いのですが、徐々にスタッフが手持ち無沙汰になることが少なくなり、私のストレスも少なくなります。

既に6年目に入っていた冬場の『六本木浜藤』はバブル景気にも後押しされて、連日超満席。

12月ともなると18時～19時頃に、予約のお客様がいらっしゃる前に1回転、予約のお客様の後にも行列が出来て、さらにもう1回転と、連日ふぐ屋なのに3回転もする大繁盛店になりました。

しかも、予約で入れない人が半端なく多くて、そのお客様で大きなホール一杯に出来るんじゃないかなと思う程。

変な話ですが、12月の『六本木浜藤』でお客様がふぐを召し上がっている姿を見て、この人達、今宵もあれほど断ったお客様が多かったのに御来店がかない、ラッキーな人達だなと思えるほどに。

しかし、開店当初の苦い思いは心に染みているので、連日の大入りに不思議な感覚と、感謝感謝の毎日でした。

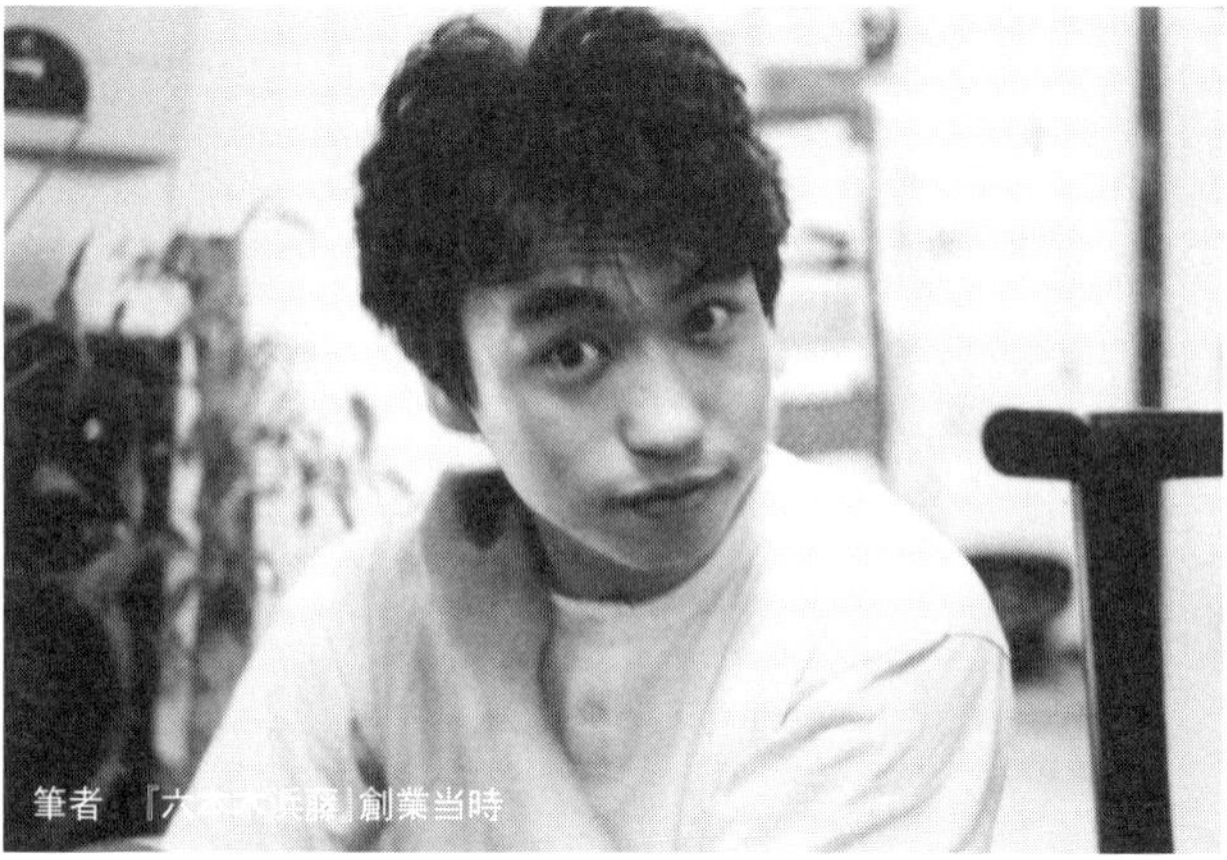

筆者 『六本木浜藤』創業当時

『串の坊』経営継承

『串の坊』のはじまり

『串の坊』の誕生は、「とある御婦人」のお姉様が外交官のご主人を若くして病気で亡くし、今後の生活のために飲食店をはじめようと思い立ち、当時信用金庫に勤めていた、後に株式会社串の坊初代社長となる廣瀬一夫（1924～1996）に相談するところから始まりました。

廣瀬は信用金庫では主に飲食店担当だったので客観的に、飲食店ではどの商売が開業するに適しているのかを熟知していました。

当時、飲食の世界では串カツ屋が群を抜いて商況が良いと判断し、串カツ屋として初めて店舗を構え高級なスタイルとして成立させた『五味八珍』の後継店で『知留久』を修業先に選び、「とある御婦人」のお姉様はそこで修業させていただくことになりました。

しかしお姉様は、育ちが良いのに加えて外交官の妻として世界中を経験した言わばブルジョア気質。

お客様に頭を下げたり「いらっしゃいませ」や「ありがとうございました」がどうして

も言えません。

見兼ねた、「とある御婦人」がお姉様のフォローをするために修業先の『知留久』に追いかけ入門しました。

しかし、程なくしてお姉様は飲食店経営を志すことを、自分には向いていないと悟りリタイアすることになりました。

丁度その頃「とある御婦人」は3人の子供を連れて離婚を考え始めていたので、自らがそのまま修業し、結局、彼女がこれからの生活の為に串カツ屋を開業することになりました。

大阪法善寺 たった6坪から始まった

そうして『串の坊』は1950年に大阪法善寺でたった6坪の店舗でしたが開業しました。開店後は粛々と営業しながら徐々に人気店になっていきました。

結局、「とある御婦人」は、夫と離婚が決まり、後に相談者の廣瀬と再婚することになりました。

そして2人は『串の坊』の2号店を東京・銀座と決め、大阪法善寺の店は廣瀬の母親や、『串の坊』の近所で促成青果業を営んでいて廣瀬と兄弟の様にしていた私の父・乾寛治に託して、共に上京。

株式会社串の坊を設立し、１９６０年東京・銀座に『串の坊』を開店させました。

孤高の天才経営者 初代社長廣瀬一夫

現在の『串の坊』は、廣瀬の鬼才を除いて語ることは出来ません。

廣瀬は優秀な銀行マンだっただけに、経理に明るいのに加え抜群の経営センス、店造りにおいてもお客様を惹きつける感覚は絶妙で、『串の坊銀座店』は瞬く間に超人気店になりました。

廣瀬が参画してからの『串の坊』は破竹の勢いで出店を重ねます。

程なくして新宿・追分に東京2号店を出店し、１９６６年には新宿伊勢丹会館（現3階店舗）に出店すると、これが大ブレイク、その後１９６９年も赤坂東急プラザに出店し大成功を収め、東京では押しも押されぬ人気店になりました。

東京から大阪に再び戻る

『串の坊』は、東京では少し有名になっていましたが大阪では法善寺に6坪の店舗が一つあるだけだったのと離婚問題も発生。

廣瀬は再び大阪に戻ることになりました。

そうして、廣瀬は持ち前の経営手腕を発揮し、大阪でも出店を加速します。

法善寺『串の坊』の真ん前の地下店舗に10坪程の『もぐら店』を出店し、さらに程近くに現在の大阪法善寺本店を開業しました。

その様にして東京も大阪もバランス良く出店がかない、現在の『串の坊』の原型を示す様になりました。

廣瀬はその後も出店意欲が留まらず、大阪船場、大津、高槻、岡山、東京では赤坂みすじ通りや、後に浜藤になる六本木などにも出店を続けます。

積極的に展開 フランチャイズ事業

フランチャイズ事業にも積極的で、名古屋を皮切りに、銀座、青山、広尾、八王子、渋谷、東名川崎、歌舞伎町、広島、北新地、宗右衛門町、京橋、ロサンゼルス、シンガポール等にも次々と契約し出店を重ねました。

東京の『串の坊』は、廣瀬が大阪に帰った後は、「とある御婦人」の長女の夫が専務取締役として経営に携わっていましたが、廣瀬と意見が合わずに退職、その後アメリカに串カツ屋を出したいということで『串の坊』で修業していた「とある御婦人」の長男を説き伏せ、専務取締役として経営に従事する様になりました。

やがて廣瀬は会長に退き、父の乾寛治が代表取締役社長に就任しました。

これぞ世代交代の波 怖いもの知らずの若者 腹をくくる

私が、六本木浜藤を創業し間もない時にお客様があまりにも少なくて、どうしたものかと右往左往しているときに、常に励ましてくれていたのもその専務でした。

当時の東京地区の『串の坊』直営店は、銀座本店と銀座店、赤坂東急プラザ、新宿伊勢丹会館の4店舗でしたが、子会社やFC店舗を入れると14店舗ありました。

バブルの時代で営業成績は良かったものの、人材掌握には各企業とても苦労していた時代でした。

専務は元々飲食業界とは違った畑を生業としていて、『串の坊』を急遽引き継いだので、経営も人心掌握もままになりません。

そして1990年秋、専務は社員の横領事件等の裏切りにもあい、行き詰まり『串の坊』の経営からの退陣をせざるを得ない状況に追い詰められました。

血相を変えて、会長の廣瀬と社長の父が度々上京します。

『六本木浜藤』が超人気店になり順風満帆だった私に『串の坊』の経営を引き継がせることを説得するためです。

しかし、私はその気は毛頭もありません。

何故ならば、『六本木浜藤』が6年目にして冬場は大繁盛、夏場もはも料理とコマーシャルの仕事で充実の日々を送っていて、ようやく自力で人生の居場所を見つけたところで意気揚々としていたからです。

ただ、身内の『串の坊』が散々たる状況で知らん顔することも正直なところ、はばかられました。

議論も尽き果てて、最終的に廣瀬と父は「晴彦が跡を継がなかったら、東京地区の『串の坊』は全店舗撤退する」ということを宣言する程に会社も追い込まれました。

元々、私は専務が『串の坊』の経営を引き継いで行くのが自然の流れと思っていたので、私が専務をサポートするから何とか踏ん張って欲しいと伝えましたが、専務は「自分には力が無かったので残念だけど、『串の坊』の経営を受け継いで欲しい」と懇願し退職されました。

こうなったら腹をくくるしかありません。

この様な経緯で、当時28歳の私が株式会社串の坊の経営を引き継ぐことになり、常務取締役として入社しました。

『串の坊』出店ラッシュの始まり

『串の坊』、引き継いだは良いけれど

1990年12月19日に株式会社串の坊の経営を引き継ぎました。

当時、株式会社串の坊の直営店は、銀座本店、銀座店、赤坂東急プラザ店、伊勢丹会館の4店舗、子会社やFC店舗入れると14店舗でした。

大阪の店舗や仕入れ会社などの子会社があり、伊豆三島店に合弁会社、フランチャイズ店の総括も業務の一環でした。

関西の『串の坊』は父・乾寛治が統括し、関東圏は私が統括するという、親子で二人三脚の経営になりました。

私は右も左もわからないまま、株式会社串の坊の経営を任されましたが、不安感より常に一歩前に進むことしか頭になくて、チェーン店という概念を持たず、飲食店としての理想を追い求めていました。

私の理想とした経営理念は、当時在籍していた社員にあまり理解されませんでした。

また、『串の坊』の当時の銀座四丁目店と銀座別館の2店舗のFC店を経営していて、

私の引き継ぐ直前に『串の坊』のFCから袂を分かち、『銀座磯むら』という屋号で営業していた磯村氏の経営する会社がその受け皿になったこともあり、経営を引き継いだ当時28名在籍していた社員の中で20名がほぼ同時期に退職されました。

当然、会社の運営には困りましたが、残ってくれた有志社員8名と、大阪の『串の坊』からは水野一志（現亀戸『一喝』オーナー）や清家剛（現梅丘『かくれん坊』オーナー）、黒田剛（現名古屋『福爐』オーナー）をはじめ、何人にも助けられ、そして当時『銀座磯むら』の幹部であった大渕良悦（現株式会社串の坊　専務取締役）を迎え、何とか最大のピンチをしのぎました。

むしろ、ピンチの後の株式会社串の坊は、風通しの良いスッキリとしたいい会社に生まれ変わりました。

煙草を止めたら なぜか皆んなが私の言うことを聞いてくれるようになった

従業員の方達に、ただのお坊っちゃまと思われている私自身が、どう対処すればいいのか考えて、意志の強いところを見せつけてやろうと思い、ある日「私は今日から煙草をやめます」と8年程愛煙していた煙草をやめる宣言をしました。

私は、かなりヘビースモーカーだったので、当時私自身も煙草をやめたという人にはかなりリスペクトしていて、愛煙家が多い飲食店の世界で私が本当にやめたらかなりインパクトあると睨んだからです。

どうやら作戦は成功したようで、それから後、私は一旦、こうと決めたら引き下がらない強い意志があると一目置かれるようになりました。

人生初の一番恥ずかしい失敗を 何とか引分に持ち込んだ

1991年夏、自由が丘にて物件が舞い込み、私は出店を決意しました。

バブル景気で、飲食店をはじめ様々な業種で経済が活性化すればするほど、人手が不足していきます。

当時は、特に飲食店などとてもいい業績でも、人手が確保出来ずに廃業を余儀なくされていくことを労務倒産と呼びました。

大量の社員退職の傷も癒えていない時節の人手不足の最中で、当時の幹部には大反対されましたが、『串の坊』を見限って辞めて行った社員達が『串の坊』は労務倒産するかも、と噂していると耳にも入り、何クソと意地もあったし、このピンチに噂をしてる人達にとっては、労務倒産どころか、新規出店をして彼らを驚かせてやろうと、それを断行したのです。

その物件は、自由が丘の雑居ビルの3階20坪の店を、当時営業していた居酒屋の店主に対して造作譲渡金5,700万円と大家さんには保証金1,800万円、さらにそれを解体して造作に4,500万円かけて銀行借入を1億2,000万円して完成させました。

今から思えば、意地とはいえ、有り得ない、若気の至りもいいところ、愚かでぞっとする程の無謀な出店でした。

大阪出身、ロサンゼルス経由で東京に来た私は、六本木以外の東京の事情はほとんど判らず、単に自由が丘という美しい言葉の響きに酔いしれていました。

気合いを入れて創った店舗がいよいよオープンです。

初日のランチには150人前の来客の準備をしましたが、実際の昼の来店客数は7名といった淋しい数字。

最初の月は何とか700万円程売上をしましたが、目指していた売上目標が高過ぎて、ホロ苦い自由が丘店のスタートでしたが、心の中で「この店がいつかは、出店して良かったと思える時が来ますように」と祈ったものでした。

大阪から自由が丘開店のヘルプに来てくれていた井之口典賢（現「串の坊鶴橋店、上本町UFURA店」FCオーナー）が、私に対してバツの悪そうな雰囲気で申し訳なさそうに接してくれたのを思い出します。

時は流れて、いつの時代だったか、現在の夜だけの営業に形態を変えてからの自由が丘店はとても利益効率の良い店舗になり、やがて自由が丘に『串の坊』を出店して良かったと思えるに至りました。

本部事務所の開設

社内で闘いながら 一歩ずつ前進

私が経営を引き継いだ時の『串の坊』には、飲食店としてはそこそこの規模であったにもかかわらず、事務所がありませんでした。

前任者は、自宅兼事務所にしていていたので、引き継いだ事務資料などは、全て当時住んでいた学芸大学駅周辺の私のマンションに運ばれました。

『六本木浜藤』を経営しているので少しは帳簿も理解出来てはいますが、『六本木浜藤』も営業しつつ、『串の坊』各店のケアをして、さらに事務仕事となると、さすがにキャパオーバーです。

当初は、友人に自宅まで経理のアルバイトをしに来てもらってましたがそれでも追いつきません。

そこで、私は新しく出す予定の自由が丘店の近くに本部事務所を開設しようと考え、不動産屋に行って適当な物件を見つけました。

事務所は必要？　もったいない？

この件を、大阪にいる会長の廣瀬や社長の父に報告すると、廣瀬は「あかんあかん、事務所なんてとんでもない。生産性が全くなし、もったいない。俺は昔、銀座の店の屋根裏にミカン箱置いてそれを机にして、そこで事務仕事したもんや」

この初代社長の廣瀬は、偏屈で人と交わるのが苦手な天才肌ですが、理路整然とした語り口は天下一品。

全ての経営指針は「もったいない」から発想する人で、私の最も尊敬する経営者ですが、意見の合わないこともしばしばありました。

結局、事務所を持つことはこれからの株式会社串の坊にとって何としても必要不可欠だったと確信していたのと、株式会社串の坊は全て任せるということで引き継いだこともあり、なかば私のごり押しで契約し、本部事務所を開設しました。

あの時廣瀬が事務所開設に大反対したのは、私に何かを伝えようとしたとは思いますが、未だにそれが一体何なのか不明なままです。

乾寛治二代目社長と廣瀬一夫初代社長（右）

阪神淡路大震災

第一回この世の終わりと感じた日

1995年になると、新宿伊勢丹会館の3階で営業していた串焼き専門店『飄々亭』の営業成績が芳しくなかったので、どうしたものかと思案していました。

元々、伊勢丹会館は3階の8.8坪で『串の坊』として営業していましたが、営業成績が良かったので6階の37坪の場所を提供されました。ビル的には一業種一店舗がコンセプトだったので、3階は業態変更を余儀なくされて串焼き専門店に衣を替えた経緯もありました。

そこで、私は伊勢丹会館に提案しました。それは、3階を全面改装して『串の坊』に業態を戻し、当時はまだほとんど無かった完全禁煙店にすることでした。

それには伊勢丹会館の事務所にも賛同を得られて私の提案が通りました。

ただ、未だに愛煙家の多い社内では大反対で「そんなことしたらお客様は誰も来ませんよ」と、店長達は口々に私の意見を阻止しようとしました。

しかし私は「煙草をやめて初めて感じました。そんな店が出来たら必ず行く」と、反論して店長達の意見を押し切りました。

案の定、全面禁煙店は成功し、未だに伊勢丹会館は嫌煙家と愛煙家とが抜群の棲み分けで成り立って商売的にもとても上手くいっています。

その伊勢丹会館の禁煙店の改装の打ち合わせの日、新宿伊勢丹会館の事務所にて、午前11時にアポイントを取っていましたが、私は前日同窓会で大阪に居たので、始発の新幹線に乗り込むべく新大阪に到着しました。駅のコンコースを歩いていたら、5時46分に今まで体験したことのない大きな揺れが襲って来ました。

阪神淡路大震災です。駅の蛍光灯はまるで雪の降る様に割れてヒラヒラと落ちて来て、駅の看板は崩れ落ち、キオスクの商品は道端に散乱していました。

それでも伊勢丹会館との約束があるので新幹線に乗り込み出発を信じていましたが、車掌さんに「この新幹線は動きますか?」と質問したら、「まー、無理でしょうね、降りて車両の横をご覧になれば分かります」と言われました。見てみると、ホームと車両がぶつかり合ってそこがボロボロになっていました。新幹線で帰るのは諦めて航空会社に電話して、飛行機は飛んでいるとの情報をゲットし、タクシー乗り場に行くと今まで見たことのないタクシー待ちのお客様の行列。

その日中の帰京を諦め、乗車券の払い戻しをするために窓口に行って清算し、そこにテレビがついていたので覗き込んでみると、悲惨な神戸の状況が映し出されていました。昨日までの平和な世の中の終わりを感じる程の恐怖でした。

新大阪駅から南に向かって歩いていると、しばらくして、お客様を降ろすタクシーが真ん前に止まり、それに飛び乗って大阪の事務所に向かいました。

そのまま、2日間大阪に滞在して飛行機で東京に戻りました。

第二回　この世の終わりと感じた日

そうしたら、程なくオウム真理教による地下鉄サリン事件が勃発。

僅か2ヶ月の間に2回も、この世の終わりを感じる程の恐怖にさいなまれることになろうとは。二つの大事件も何のその、それからの私は『串の坊』を出店することこそが串カツの文化を世に広げると確信していて、出店を重ねていくことになります。

新宿パークタワー店(直営)、横浜関内店(FC)、青山キラー通店(FC)、池袋店(FC)、代官山店（FC）、静岡店（FC・現 串よし）、伊勢丹府中店（直営）と続々と出店が続きました。

目黒ファクトリー開設

中目黒にセントラルキッチンを開設

１９９１年本部事務所を自由が丘に開設し、よくやく私の株式会社串の坊における拠点が出来ました。

この頃から日本経済は、おかしくなり始めていました。

世にいうバブル崩壊です。

バブル景気のあおりで、人件費や物価は高騰し、そこで売上げの低迷となれば当然、借金の多い当時の株式会社串の坊は経営が逼迫します。

それまで普通に廻っていた資金繰りが苦しくなりました。

私はこの苦境からの脱出を図るために、会社のシステムを基本的に見直さないといけないと感じ、色んな角度で考え抜いていました。

当時、『串の坊』は、独自の店舗で全て串カツの下ごしらえの串刺しをしていました。

明らかに効率が悪いので、最初は牛肉、豚肉や鶏肉などの肉系の串刺しだけでも一箇所で調理して各店に配送するセントラルキッチンをしようと思い付きました。

思い付いたら吉日、その1991年夏には良きも悪しきも行動の早い私は早速当時、『六本木浜藤』の従業員のために借りていた中目黒の10畳ワンルームのマンションに居た従業員を、世田谷区桜丘にある串の坊寮に移動させて、そのマンションに冷蔵庫と調理器具を搬入し、ライトバンを一台購入して、早速セントラルキッチンを開設しました。

ベテラン社員一人、運転の出来る社員、新規で採用したミャンマーのパートタイマー2人の4人構成、あとは各店舗からの応援で始めました。

店舗では、午前中は夜の営業の串刺し、午後から翌日のランチタイムの串刺しをしていました。

セントラルキッチンでも、朝の配送は前日の午後に仕込んだランチの串ネタ、午後の配送は午前中に仕込んだ夜の串ネタと、各店舗で仕込むルーティーンを徹底しました。

私の思い描いていた以上の答えが、最初の月から出ました。

この、セントラルキッチンの効果で1カ月約200万円の経費を圧縮出来たのです。

確かな手応えを感じた私は、本格的にセントラルキッチンを設置しようと、何処にも配送が便利な中目黒の物件を不動産屋を通じて捜し始めました。

すると、中目黒に53坪の土地に駐車場2台分着いた2階建ての倉庫が、家賃430,000円で出て来ました。

早速、この物件を借りて調理器具を設置し開設しようと計画していました。

すると、今度は大阪にいる社長の父が、大阪の社員からの「専務（当時の役職）は気が狂ったに違いない。10畳ワンルームでしていた仕込み場を、今度は大きな一軒家を借りようとしている」という噂を耳にし、大反対しました。

尋常ではない反対様でしたが、私はやがて『串の坊』の発展には、このセントラルキッチンの開設は不可避と確信していたので、頑として譲りません。

揉めに揉めましたが、最後には、事務所の開設にはあんなに反対していた会長の廣瀬が、「皆んな、そう反対するけど、これは将来の『串の坊』にとって必要だと俺も思うよ」と鶴の一声で話はまとまりました。

そうして程なく、目黒ファクトリーを開設しました。

現在では無くてはならない、『串の坊』にとって重要な拠点となりました。

護られてる 誰かに 絶対 でも誰が護ってくれていたんだろう

1996年に、目黒ファクトリーの大家さんからの突然の申し出がありました。この物件を買って欲しいということでした。

もはや、株式会社串の坊の運営には切っても切れない存在になっていましたので、当然私は買う気満々です。

53坪の土地建物共に、14,500万円でお願いしたいとのことでした。

銀行とも相談して、12,000万円ならキツいけれども何とか購入出来ると判断し、大家さんにそのことを告げるために、ある日の午後にアポイントを取りました。

大家さんと交渉をする当日の午前中、後にも先にもこの日一度だけひょこっと、亀戸の老舗の料理屋『升本』の塚本光伸氏が遊びに来てくれました。

丁度お昼時だったので、事務所から程近い『串の坊自由が丘店』でランチをすることになりました。

『升本』は老舗の料理屋ですが不動産事情にも明るい塚本氏なので、ランチの後「この後15時から中目黒の物件の値段交渉するのですが、14,500万円で売りたいと言われたけど、無理しても12,000万円以上出せないのでそれで買おうと思っている」と相談しました。

塚本氏「バブル弾けたこのご時世、そりゃ5,000万円だわ」

私「幾ら何でも安く言い過ぎでは？」

塚本氏「じゃー、7,000万円」とファジーなやりとり。

私「では、9,000万円で交渉はどうでしょう？」

塚本氏「まー、それくらいじゃない、出し過ぎだと思うけど」

この様なやり取りの後、予定通り15時、大家さんが事務所に来られて、私は早速「あの中目黒の物件は、『串の坊』にとって非常に重要な基点なので、是非売っていただきたいです。何とか9,000万円でお願いします」と伝えました。

少し時間が必要とのことで再度日を改めての交渉になりました。

後日大家さんが再訪され、「では、9,000万円は承諾しました。ただ、1階の一部に管理人さんが住んでいるので、管理人さんの次の部屋の引っ越しと、しばらくの間の家賃分300万円上積みして欲しい」とのことでした。

私は、12,000万円で購入する覚悟もあったので、素敵な大家さんに、すんなり条件をほぼ呑んでいただけて申し訳なく思い、「ありがとうございます、でも余りにも譲歩していただけたので、私も少し歩み寄ります、後、500万円足して9,800万円でお願いします」と契約締結。

大家さんもまさかの上積みでびっくりしていた程、結果的についい無駄な出費もしてしまいましたが、無事に中目黒の重要な拠点を、心晴れやかに土地から購入することが出来ました。

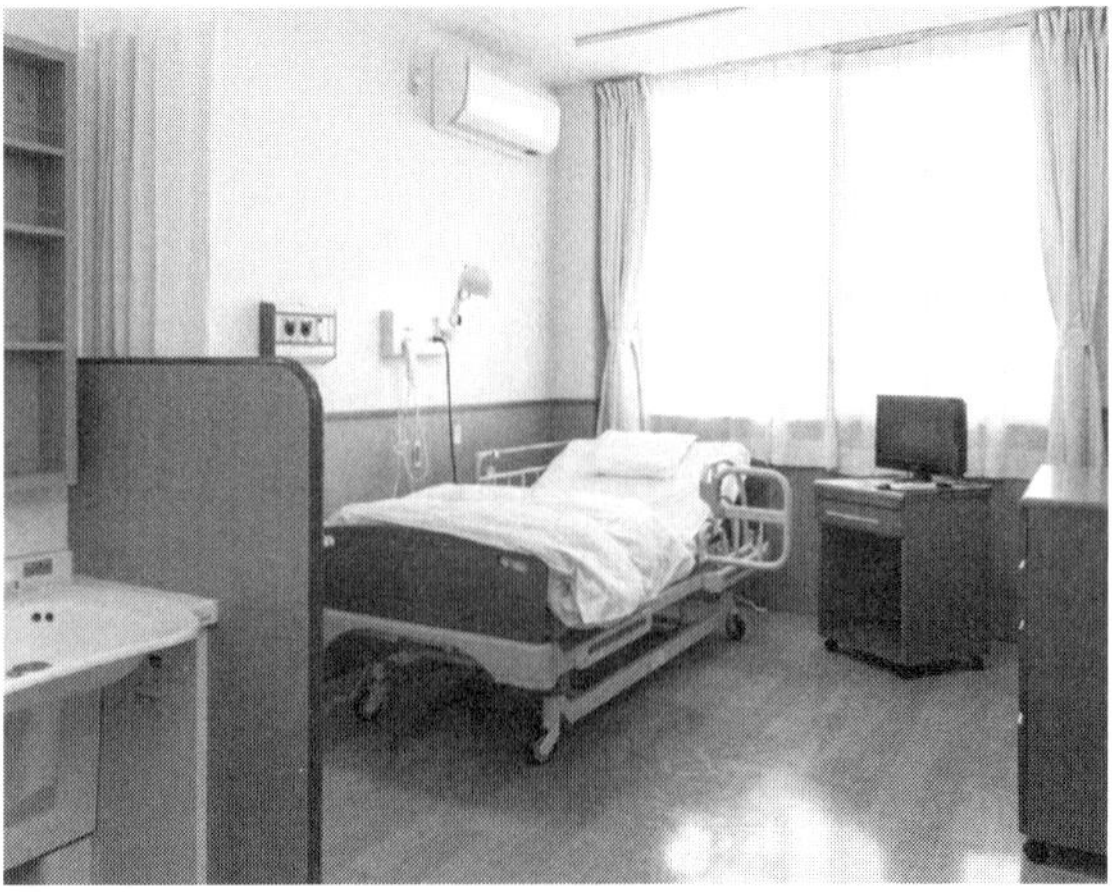

『串の坊』転換期

これが世に云う 貸し剝がし

大手都市銀行の中目黒支店の銀行支店長が、ある日飛び込みで事務所に来訪されました。以前、大阪勤務していて『串の坊』の大ファンであるということを饒舌に伝えられ、『串の坊』との取り引きを開始したいとのことでした。

とりあえず、無担保で5千万円を返済無しで金利だけで支払えば貸付をしても良いという、摩訶不思議な条件。

せっかくなので引き受けると、本部事務所のパート職員まで全員、大手都市銀行の接待用の料亭でもてなされる程の大歓待されました。

私も、全く理由無しで借りるのもどうかと思い、手許の現金で購入した備品や車などの領収書約5千万円相当を渡しました。

程無くして支店長が交代し、担当者は同じでしたが5千万円を即刻の全額返済を求められました。

担当者は顛末を当然理解していましたので私も新しい支店長に説明をするように求めま

したが、埒があかず、私は全額返済に応じました。
なるほど、銀行ってところはこんなことするんだと思い知らされ、借金が多い現状を憂いました。そして私が無借金経営を意識し出したのもこの事件がきっかけです。

病院のベットで過ごす 仮想ハワイ 経営者として転換を迎える一週間

1997年も、私は出店意欲満々で、アトレ恵比寿店、京都駅ビル店、クリスタ長堀店と3店舗同時期に開店と中目黒ファクトリーの隣に本部事務所を移転するための増設工事もあり非常に激務でした。

体調を崩して、自分自身でもいつブッ倒れるか分からないと感じていました。

当時まだ産まれたばかりの息子も小さくて連れていけないので、3人兄弟の末弟の裕彦と一緒にハワイで休養することになっていた直前に、過労で倒れ病院に駆け込みました。

「先生、明後日からハワイで休養しようと思っているのですが、行っても良いですか？」と聞けば、「ここをハワイだと思って入院して下さい」と、三田の済生会中央病院に即刻1週間入院することになりました。

入院初日

『串の坊』の経営を引き継いで6年経ち、大量の社員退職から反骨心に火が付き、がむしゃらに『串の坊』にとってプラスになると信じて出店を続けて来ましたが、ふと本当にプラスになるのだろうか？　と疑問が芽生える。

バブル経済の崩壊により、既存店の売上減少傾向が顕著になっていることへの恐怖感も芽生える。

入院2日目

『六本木浜藤』、『串の坊』を継いでから私は、そうべったりと『六本木浜藤』に居ることが少なくなっていたが、元妻が店の顔として頑張ってくれていたので売上げは維持出来ていました。

しかし前年の1996年シーズンは息子が誕生し元妻も育児で浜藤には出勤出来ず、私もそれまでのペースを見直す事なく従業員に任せっぱなしで、売上げが約4割も落ち込むという異常事態の惨状を見つめ直す。

入院3日目

『串の坊』の直営店、出店によって高められる社員の高揚感はあるものの、既存店の売上げが落ち込んでいるのと、このまま同じような店舗を造り続けることに対して、疑問が発生する。

まるで金太郎飴みたいに同じ様な店造りをしていることに気が付き驚愕する。

入院4日目

相次ぐ出店で借金も増え、直営店の年間売上げ約9億円に対して借入金が8億6千万円と、自転車操業に陥っている現実とも向き合う。

ふと、先日NHKの番組で敬愛してやまない長渕剛氏が、「俺は歌手だから出来るだけ大きな声を張り上げて精一杯唄う、それだけだ。寿司屋は朝河岸でとびっきりの魚を仕込んで、精一杯お客さんに心を込めて握ればいい。それだけでいいんだ。」と言っていた言葉を思い出して心に突き刺さる。

『串の坊』も最高の食材を仕入れて、最高の油で心を込めて揚げる。

そんな当たり前なことを忘れて新しい店造りばかりに没頭していた、あんなに『六本木浜藤』の立ち上げで苦労していたにもかかわらずに。

一生懸命修業して、一生懸命お金を貯めて、必死で独立を達成して、一生懸命来てくれたお客様と向き合う人達に、まるで金太郎飴のように次から次へと店造りをしている私が勝てる訳がないと気付きました。

入院5日目

『串の坊』の出店を全て止めたらどうなるだろうか?

ここ何年かは毎日毎日、次に出す店舗のことばかり考えて来たので、急に不安が襲って来る。

よし、徹底的に既存店のお客様と向き合おう。そして全ての新規出店を一旦止めようと決意した。

いいワインを醸すには剪定の作業が重要。

飲食店も店舗をきちんと剪定して、既存店を内容の濃い仕事が出来る体制にしないと世の中から必要とされなくなると実感する。

入院6日目

『串の坊』は借金が多過ぎるのと、先日の大手都市銀行の件もあったので、まずこれからお金はなるべく借りない様にして、ゆく先は無借金経営を目指そうと、今までの借入体質から大きく舵を切り、お客様と向き合うにはまず目の前のすべき事を整理してから考えることにしました。

入院7日目

本日退院。

『六本木浜藤』低迷期

バブル経済の崩壊

息子の誕生により、元妻が『六本木浜藤』に勤務出来なくなって1年が経ち、業績が急降下しました。

今思えば、バブル経済の崩壊も影響していたとも言えますが、当時の私はヤキモキしていました。

1週間の入院で、とにかくお客様と向き合うと誓ったので、毎日『六本木浜藤』に出勤して頑張って、それでもダメなら『六本木浜藤』は廃業しようと背水の陣を組み、1997年ふぐシーズンに入りました。

しかし、10月になっても業績が上向くことはありません。

私はせっかちなところもあり、店長会議で、11月の目標を昨年40％ダウンを元に戻すために目標を40％アップに設定し、もし達成できなかったら私は丸坊主になると宣言して、『六本木浜藤』の営業に集中します。

必死になるとお客様にも通じるのか、11月はギリギリでしたが何とか40％アップの目標をクリアし、そのシーズンは前々シーズンの売上げに戻すことが出来て、『六本木浜藤』も最悪の事態を回避することが出来ました。

私が、ふぐ雑炊作り世界一を目指し始めたのもこの頃です。

翌春、長年一緒に頑張って来てくれた料理長の松岡哲男が独立して自分の店を持ちたいと希望を出したので、全面的に彼の独立を応援することにしました。

その時、コマーシャルの料理の仕事も松岡を中心に順調でしたが、この仕事も全て松岡に委ねて、『六本木浜藤』は新しい職人を雇い入れるのではなく、私が『串の坊』の社員に独自のスタイルのふぐ料理を伝授し、彼等と共にふぐ料理を極めていこうと決めて、『六本木浜藤』の営業スタイルを秋の彼岸から春の彼岸までの半年間の営業に変更しました。

世知辛い東京六本木で　ほっこりする話

『六本木浜藤』の彼岸から彼岸までの営業にして半年間休業することの報告のために、『六本木浜藤』の大家さんを訪ねました。

私は、「14年間ふぐ屋として、年中営業して頑張って参りましたが、この春より閑散期の4月から9月は休業しようと思います。半年間このビルの2階の休業により、若干ビルとして淋しくさせて申し訳ないのですが、よろしくお願いします」と。

大家さんは、「ふぐ屋で夏場は、お客様少ないのによくやっているなって思っていたんだよ。もちろん休業してもらっていいけど、よかったら休んでいる間の家賃、少し安くしてあげようか？」と優しいお言葉をかけてくれました。

しかし、私は、「いえいえ、計算したら閑散期に休めば今の家賃のままでも少なからず利益につながる予定なので、お家賃は現状のままで大丈夫です」と答えて、その春から半年営業になりました。

考えてみれば、この東京のど真ん中でほとんどの大家は家賃を上げたくて、店子は家賃を下げたくている状況で、全く異次元の話し合いが私と大家さんの間で成立したことは、今思い出してもとても気分が清々しくなります。

あれから21年の時が流れましたが、『六本木浜藤』の家賃はいまだにあの時のままです。

ふぐ屋の健全なスタイルに目覚める

『串の坊』の経営をしながら1年中『六本木浜藤』の営業に関わるのも物理的に無理があるし、経営的にも『六本木浜藤』の規模でふぐ料理専門店が半年閉めることが出来れば、当時の計算で約1千万円の経費が浮き、夏場に1千万円使ってイライラしながら少ないお客様をお迎えするか、店を閉めて1千万円握りしめて世界各地に食材の勉強の旅に出るかの選択。

特に究極の選択でもなかったので、私はあっさりと後者を選びました。

この件については、極めて見識の浅い飲食の評論家が、『六本木浜藤』は夏場閉めている分、冬場の料金が高いとか、半年営業なのでコスパが悪いとか仰ってますが、『六本木浜藤』がこのように良心的な価格で天然ふぐ専門店として営業を続けられているのは、このシステムの賜物であり、その見識は大いなる錯覚であることをこの場でお伝え致します。

香港

香港に出店する

海外出店は封印していたのに

１９９７年、香港のヤオハンの関係者を介して、方萬隆氏が香港で『串の坊』のＦＣ契約をしたいと言うので、会って欲しいとの依頼が来ました。

『串の坊』は、１９７７年シンガポールに海運会社とＦＣ契約で開店し当初大繁盛しましたが、海運不況の煽りで契約先は倒産し、『串の坊シンガポール店』も閉店しました。

１９７９年ロサンゼルスには銀座の宝石店とＦＣ契約し開店しましたが、宝石店と経営方針の違いで揉めに揉め、その後店舗を買い取り直営店として営業していましたが、ロサンゼルスの暴動や大地震などの不幸な出来事もあり、資金をいくら注ぎ込んでも独立採算出来ず、結局、現地の社長に無償譲渡して多額の損失を計上することになりました。

台湾店は商況はなかなか良かったのですが、契約先の相手がロイヤルティーを払わないことで裁判沙汰になりますが埒が明かず撤退。

ほとほとＦＣにはウンザリしていたので韓国ソウルではプロデュースだけにして屋号は『串喝屋』として営業していましたが、ここも韓国経済の破綻のあおりで繊維業を営んでいた親会社もあえなく倒産。

結局、閉店に追い込まれることになっていました。

このように、海外出店には散々な思いをさせられて来ていましたので、香港での契約の意思はほぼ無かったのですが、ヤオハンの紹介ということもあったので一応、方萬隆氏とお会いすることにしました。

伊勢丹会館の店でお会いしたのですが、何故か意気投合して、次回は香港で会うことになりました。

方氏は香港で、『松菱』という鉄板焼きの店や和食店等を数店経営されていて、その頃『串の坊』の他に、飲食業界を食からファッションに変えた当時カリスマ経営者・岡田賢一郎氏率いる「ちゃんと。グループ」の『橙家』も開店させる計画でした。

香港で、方氏と飲食店経営の話をし、非常に話の合う人だと判断し契約して、2000年香港九龍島に出店することになりました。

再び日本での打ち合わせの時に、西麻布の『月の庭』で方氏と会った時、お連れで、上から下まで真っ白のスーツの人がいらっしゃり、彼が後に大親友となる現在「ｓａｌｔｃ onsortium」の代表で、当時「ちゃんと。グループ」の副社長・井上盛夫氏でした。

やはりダメだった 海外出店

方萬隆氏は、思った通りの素晴らしい経営者でした。

銀行嫌いで無借金経営、借金を返すのが嫌だから借りないと、全てキャッシュで会社運営します。

いつか方氏の様な経営者になりたいと思っていました。

ただ、当時の香港はイギリスからの返還後で景気低迷期。ニューヨークの同時多発テロ事件もあり、開店したはいいけど思うように集客出来ません。

あえなく1年余りで閉店を余儀なくされました。

方氏、「出店のタイミング悪くてゴメンなさい。でも僕はキャッシュでお店出したから、お店は残念ながら閉めちゃったけど、大きな問題じゃないよ」と言ってくれました。

しかし私にすれば『串の坊』の暖簾を立てて、景気低迷期とはいえ、方氏に申し訳ない気持ちと、海外の壁の大きさも感じ、切ない気持ちで、日々をしばらく過ごしました。

世界へ 食材探しの旅がはじまる

フランスロワールに！　結局、ひとりで向かうことに

『六本木浜藤』を半年間休業して、『串の坊』の新規出店を一切しないと決断した最初の春、少し前からワインの勉強で渋谷の日本ワインアカデミーというワイン学校に通っていた私に、「澤屋まつもと」の松本庄平氏が「フランス中を旅しながらワインを探す旅をしている人が、知り合いでいますけど、晴彦さんも一緒にフランスに行きませんか？」と声をかけられ、二つ返事で「行きます」と答えました。

そしてその後も毎年、その彼とは世界中旅をする事になります。

そのお方、今や日本ソムリエ協会副会長で横浜君嶋屋代表の君嶋哲至氏です。

1998年6月、君嶋氏とは面識はありませんでしたが、アンジェのエイビスホテルに現地集合です。

私は松本氏と同行するので安心していましたが、前日に松本氏から電話がありました。

「晴彦さん、フランス行くの明日からやのに、何とパスポートの期限が切れてましてん。

でもちょっとおかしいんですわ。去年はこのパスポートでちゃんとフランスに行けたんでっせ?」

「あら、そうなんですね。去年はパスポートの期限は切れてなかったけど、今年になって切れたんとちゃいますか?」

「でも、去年は行けたんやけどなぁ、なんでやろ?まぁこんなこと言うててもしゃーないわ、晴彦さん、今の外務大臣誰でっか?」と唐突な質問。

「今は、河野洋平さんですね」

「じゃー、大臣にお願いするのが一番早いと思うから、河野洋平さんの電話番号教えて下さい」とまさかの無茶振り。

「さすがに私は河野大臣の電話番号までは知りません?」と意味不明なやり取りの後、私は君嶋氏一行の待つ、フランスのアンジェに結局、一人で向かいました。

無事に君嶋氏御一行と合流し、コロナス、ソーミュール、サンセール等のワインの産地を転々とワイン蔵巡りをしました。

旅をしながら、生産者の方の考え方を聞き、その商品を理解し、厳選した商品をお客様に提供する、これこそが私がこれから『串の坊』のお客様に対して向き合って行くことだと確信しました。

ちなみに松本氏、無事4日後に合流出来ました。

パリでは、日本文化会館で日本酒の会が開催されていて、ワイングラスのリーデル社が大吟醸を飲むためのグラスの発表会も兼ねていました。

そこで、初めて様々な日本酒の蔵元さんと会い、話をして、日本人で飲食の事業をしているのに、私は日本酒のことも何も知らなかったことに気付かされます。

余談ですが、このパリの日本酒の会で、後に私の人生に影響を与えてくれる事になる「満寿泉」の桝田隆一郎氏と出会いました。

『串の坊』で串カツを揚げる

『串の坊』の現場で料理する

1990年春、当時赤坂店は株式会社串の坊の子会社という形態で営業していました。そこを切り盛りしていた人が、代官山で独立する事になったので、赤坂店は株式会社串の坊の直営店舗になりました。

赤坂店は、従来の『串の坊』とは少しデザインが異なり、洋風の設えになっていましたので、ワインを充実させ、さらに数々の日本酒、焼酎もリストアップして、現在の『串の坊の原型』となるモデル店になりました。

ここでは私も串カツを揚げれる様にきちんと訓練しようと思い、『六本木浜藤』のシーズンオフの春になると連日私自身も赤坂店で串カツを揚げていました。

この修業が現在の串の坊Ｓｐｅｃｉａｌにつながって行きます。

世界一の雑炊の米

生産者との出会いは他にもあります。福島Ｊラップの伊藤俊彦氏です。

ある日､旧知の「通販生活」の知り合いから「どこに食事に連れて行っても満足しない、めんどくさい人がいる。乾さんの世界一の雑炊でギャフンと言わせてください」と『六本木浜藤』にお連れになりました。

一通りコースを召し上がった後、私は雑炊を作りました。

それを召し上がった際に作戦通りに大感動していただけたみたいで、伊藤氏は「乾さんの世界一の雑炊造りの米のお手伝いを、私にさせて下さい」と言うので早速米を送ってもらい雑炊を試作しました。

これが、ふぐの出汁を、米の芯迄煮込んでも形も崩れずしっかりとした味わいが残る、私の雑炊の作風と非常にマッチしていたので、以後、伊藤氏の米を私の雑炊の米に選びました。

この米、玄米に「籾殻」の衣を付けたまま専用の貯蔵タンクで熟成させ、注文の都度、脱穀、精米して送ってくれます。

「世界一のふぐ雑炊」を目指すために「こんな面倒な注文をしてくるのは乾さんだけだよ」と言われながら、非効率なことに応じてくれます。

私がふぐ雑炊世界一を目指すということは、他所のふぐ屋では店員さんが最後に簡単に作るイメージがあり、そんなに出しゃばった感じでは無いと思うのですが、ふぐ雑炊を美味しく造るには、先ず食材が大事。

ふぐはもちろんのこと、水（富士山麓から天然水を運んでいます）、調味料、出汁、野菜、米、全てがマッチして初めて成立するものであります。

ふぐ雑炊が世界で一番美味い店→日本の魚で最も高価で美味な食材を美味しく表現できる店→日本を代表する店→そこの店主は『串の坊』の社長→『串の坊』も食材を吟味している→だから『串の坊』はやはり美味しい。

こんな図式を目指して、『串の坊』のイメージアップのためにも、私は半年間『六本木浜藤』でふぐと向き合って頑張っているのです。

震災にも負けない強い心

伊藤氏は元々農協職員でしたが、その組織システムは個性的な農業を夢見る農家のためにならないと農協を退職しました。

そして自ら米作りをするかたわらで、発展性を感じられなくなった農協が示す既成概念を無視し、美味い農作物を作る農家の一本釣り集団「Ｊラップ」を設立。

今やひたすら美味い農作物を作る農家集団のリーダーとなっています。

震災直後には、福島の農家が放射能の影響で心が折れ希望を失いつつある中で、たった一人でこの危機に向き合うことを決意し「取り敢えず稲を植えてから考えよう」と意気消沈する仲間たちの陣頭指揮を執り、可能な限り稲を植えることを目指していたことを思い出します。

今日、中通りの美味い米が復活したのは、震災直後の伊藤氏の英断に依るものです。

「ナンバーワンよりオンリーワン」を旗印に、美味しい胡瓜やトマト、烏骨鶏の卵も伊藤一族からの賜り物。

そして年明けから春にかけて毎日少量送られて来る「橋本さんの苺」は『六本木浜藤』のお客様を魅了してやまない、甘くで美味しい完成度の高い究極の苺です。

あの時、伊藤氏にふぐ雑炊を作る機会を与えてくれた「通販生活」の高遠裕之氏に、今ではとても感謝しています。

串の坊　新宿伊勢丹会館店

新宿伊勢丹会館店の改装

一世一代の大勝負

新規出店は一切封印していましたが、既存の『串の坊』を見つめ直すという意味合いでも、各店舗の改装を推し進めるのは、私にとって必須事項でした。

1999年、今まで『串の坊』の屋台骨であった新宿伊勢丹会館店の売上げが低調で、世の中に求められていない感がありました。

基本的に私は、いつも店の調子が悪いと世の中に求められていないのではと、不安になります。

しかし、新宿伊勢丹会館で赤坂店で培った新しいスタイルの『串の坊』を本格的に想いを込めて一世一代の大勝負をしようと決意し、伊勢丹会館の事務所にその思いを伝え、一世一代の店造りをするのでと、全面改装の意思を伝えました。

そうしたら、伊勢丹会館の事務所は『串の坊』がそこまで本気ならと、当時、6階で36坪の店でしたが、8階の50坪のスペースを用意するのでそこに移転してはどうか、とのお話をいただき、人生賭けて勝負する気満々だったので、喜んでその提案をお受けして一世一代の店造りが始まりました。

久しぶりとなる店造りのインテリアデザイナーには、新しい風を吹き込みたくて、初めて関西でブレイクしていた横井源氏を起用することにしました。

工事が進み壁も塗り終えた時、私は鹿児島の西酒造に訪問しました。

私は宝山の試飲室の壁の弁柄色の居心地の良さに感動したのです。

早速、横井氏に連絡して西酒造の試飲室を作った大工さんに教えを請い、伊勢丹会館店の壁を弁柄色の漆喰に塗り替えました。

50坪の店舗に総額1億2,300万円投資。

1億円は借入し、大勝負を賭けた伊勢丹会館店は、内装もそうですが、ドリンクの充実などもお客様から支持を受けたみたいで、空前の大ヒットし、現在も『串の坊』の経営を支える大黒柱となっています。

情熱・酒・VIN

LesCras

情熱酒場れくら

大人の遊び　飲食店は味で勝負

秀逸な生産者を求めて旅に出始めたある日、その頃ほぼ毎日一緒に居た君嶋哲至氏が突然、「赤坂で寿司屋をやっていた13坪の物件が空いたから、そこでこれまでに無い究極の日本酒を中心としたお酒と料理の店を一緒にしませんか？」と声を掛けられました。

君嶋氏、割と思い付きで軽く行動する人ですが、いかんせん鼻は効きます。

また、ひたすら前向き思考で、例えば飛行機に間に合わなかった時には、「良かった乗り遅れて、今日は予定と違う行動ができる。想定外の出逢いがあるかも知れないし、人生無駄なものは一つも無い」と言い切り、その失態をも喜びに変えることの出来る、スーパーポジティブな人です。

屋号は『情熱酒場　れくら』。

「れくら」は、君嶋氏の好きなブルゴーニュのワイン畑「ｌｅｓ　ｃｒａｓ」から引用したものです。

串の坊グループもこれまでに串カツ店以外にも、お好み焼き、懐石料理店、そしてご存知ふぐ料理店等にもチャレンジして来ているのと、私も比較的軽く行動するタイプなので、躊躇無くこのミッションに参加することになりました。

日本で一番日本酒の充実している店↓『串の坊』が運営に参加している↓だから『串の坊』の日本酒は充実している、という図式も狙いの一つです。

君嶋氏の企みで、何人かで共同で経営をしようということになり、「澤屋まつもと」の松本庄平氏、「満寿泉」の桝田隆一郎氏、「浦霞」の佐浦弘一氏等の蔵元をも巻き込んで、あまりお金を掛けずに寿司屋の店舗を簡単に手直しして改装することになりました。

その頃デザイナーズレストランが全盛期。

しかし正直、内装は美しいけど料理がね？　といった店舗が多かったので、我々は美味しい酒と美味しい料理を提供すればそんなに内装にお金を掛けなくてもお客様は必ず来てくれるということを世間に証明しようと意気込んでました。

そうして、7人での共同経営、1人150万円ずつ出資して総額900万円の低予算での店造りが始まりました。

やっぱり 空間も素敵なら 鬼に金棒

そんなある日、香港の方萬隆氏と井上盛夫氏、デザイナーの森田恭通氏との4人で、パークハイアット等もデザインした世界的なインテリアデザイナーであるジョンモーフォード氏が設計した長野・小布施にある「小布施堂」に小旅行しました。

森田氏とはこれが初対面。

夜中まで仕事に対する考え方の話をしました。

当時からまるで芸能人の様な森田氏は有名で、私とは何だか遠い世界の人と思っていましたが、

「デザインする時に一番気を使っているのはクライアントの立場でどうすればいいか、出来た店はクライアントの物であり、僕の作品と思ったことは一度も無い。だから僕は作品とは呼ばずに物件と言うんですよ」等と森田氏がお客様に寄り添ってデザインする姿勢が理解出来き、一夜で心を惹かれました。

私は、今「情熱酒場れくら」という日本酒バー造りに精を出していて、あまりお金を掛

けずに美味しい酒と美味しい料理を提供すれば、お客様はそれに応えてくれるという信念で店造りしてると伝えました。

森田氏は「僕もその遊びに寄せて下さい。その楽しそうな物件を是非僕にやらせて下さい」と言ってくれました。

しかし、私は「予算も無いし、森田さんの様な有名なデザイナーが手掛けるような物件では無いので、いつかこれとは違う、ちゃんとした時にお願いするので、今回の「情熱酒場れくら」は止めておきましょう」と言いましたが、森田氏は中々後に引きません。

予算も無いので、結局無償でデザインして戴ける事になり、「情熱酒場れくら」は低予算でしたが、ただの町の寿司屋が素晴らしいデザインの超カッコいい店に大変身。

私は、「飲食店は本当に美味しいお酒とお料理を出してればいいのだ」という考えから、やっぱり空間も素敵なら鬼に金棒、という考えに変化しました。

いよいよ待ちに待った開店日。18時の開店時間にまるで合わせたかの様に、入り口の格子戸がガラッと開きました。

何と、ご予約戴いていたお客様がお誘いされていて、その待ち合わせで中曽根康弘元総理がこの店の一番客として入って来られました。

この様に、「情熱酒場れくら」はとても幸先の良いスタートを切る事が出来ました。開店してから間もなく話題になり、当時いきなり予約超困難店になりました。

私は森田氏に、今回の御礼はクライアントを紹介することくらいしか出来なかったので、銀座の路地裏の『HAJIME』をはじめ、当時「和民」の副社長の江村哲也氏を紹介して森田氏と意気投合し、香港『WATAMI』のデザインを任されることになり、香港で森田デザインがブレイク。

そして森田氏の才能が香港から世界へと認められて、後に世界からオファーが舞い込むきっかけの一つになり、私は森田氏に対して応分の面目は保てました。

「情熱酒場れくら」は、5年間我々が経営し、その後は君嶋氏の若手の知り合いが、引き継ぎたいとの希望があったので、居抜きで売却しました。

しかしながらこの店は、それ以降の私の店造りに大きく影響させてくれた事業でした。

焼酎、泡盛との出会い

泡盛のひれ酒 ひれ泡盛

主にフランスのワイン畑を君嶋哲至氏と訪問していましたが、今度は鹿児島に飛び、焼酎蔵の訪問に行きました。

この頃、豊満な食生活が祟り、痛風を患っていた私は、焼酎に非常に興味があったのです。初めて鹿児島空港に到着した時に出向いてくれたのは、今や心の友、宝山の蔵元の西陽一郎氏でした。

また、泡盛の勉強に沖縄にも行き、いろんな蔵を訪問しました。

ふぐのヒレ酒はお酒は米で醸されているので、同じ米を蒸留して造る泡盛のヒレ酒を発想して、早速『六本木浜藤』で「ひれ泡盛」と銘打って商標も登録して商品化しました。

これが焼酎ファンに大ブレイク。

私は様々な泡盛を試して石垣島の泡盛が一番ふぐのヒレとの相性がしっくりくるので、それに決めて提供していました。

ある日、田崎真也氏がご来店された時に、ひれ泡盛談義になり、私はいろいろ試して石垣島の泡盛にしましたと言えば、田崎氏は「そうだね、沖縄では唯一の軟水で蒸留する地域だから、ふぐのヒレとの相性はいいんだね」と理論的な説明をいただき、さすが世界一のソムリエの知識は多岐にわたって半端ないと感激しました。

その秋からの『六本木浜藤』の営業シーズンは当然のように君嶋氏と一緒に巡った日本酒、焼酎、ワインのラインナップが初登場し、現在の『六本木浜藤』のふぐ屋としてはちょっとブッ飛んだドリンクリストの原型になりました。

お酒のラインナップも大好評のうちにその浜藤シーズンを終えました。

串の坊新聞

2002年
冬号

仰天ひれ泡盛

私、不覚にも去年位から痛風予備軍とお医者さんに言われてしまったので、去年の夏からきっぱりと好きだったビールを断ち、日本酒やワインも控えて焼酎の世界にどっぷりと浸かっていました。

何でもやるならいつも徹底的なものですから自宅に約１２０種類の焼酎を並べて日々勉強していました。鹿児島の焼酎蔵などにも訪問したり蔵人が東京に来たときは一緒に飲んだりして、焼酎をはじめて二年足らずで生意気にも焼酎の世界を語ったりしていました。そうこうしていると、今年の夏に沖縄の泡盛の蔵を訪問する機会がありました。やまかわ酒造で飲ませて頂いた56年前の泡盛クースの旨さには目から鱗が落ちるくらい驚きました。その他の蔵でも色々と飲ませて頂き感動の嵐でした。

日本に生まれているのに、こんなに旨い酒があることに今まで気が付かなくてショックでもありました。更に付け加えておくと、大東亜戦火にての沖縄戦で泡盛のクースがアメリカの攻撃によって壊滅的な被害を受け、大事な沖縄の財産が無惨にも焼け散ってしまいました。現在戦前の泡盛クースはまさに幻で飲めませんが間違いなく泡盛は日本が生んだ世界に通用する酒だと確信しました。

六本木浜藤は19年目でありますが、今まで固定の概念でヒレ酒以外のヒレの活用方法を思いつくことがなく六本木浜藤のヒレ酒はどこのふぐ屋さんより美味しいなどと自負しているだけに留まっていました。

沖縄から泡盛の影響を受けて東京に帰ってきた後、早速ヒレ泡盛に挑戦したところ、合う泡盛とそうでない泡盛がありますが、石垣島の泡盛はなんとビックリするくらいヒレとマッチしてとても美味しい飲み物になりました。

特に泡盛の黒麹とヒレの相性がいいのでしょう。もともとふぐの好きな人は、美食家ゆえにどこか体の調子が悪い人が多かったりするので、ヒレ泡盛は健康にもよく安心して飲めるのでふぐ屋としては大発見ということになります。そして「25ans」「週間ポスト」をはじめ、このヒレ泡盛が色々雑誌にも取り上げられています。

やがてもし全国のふぐ料理でヒレ泡盛が定番になった時は、私が開発したものだと覚えておいて下さい。

何年商売をしていても視点を変えれば面白いものがあるものだなと改めて思い知らされました。

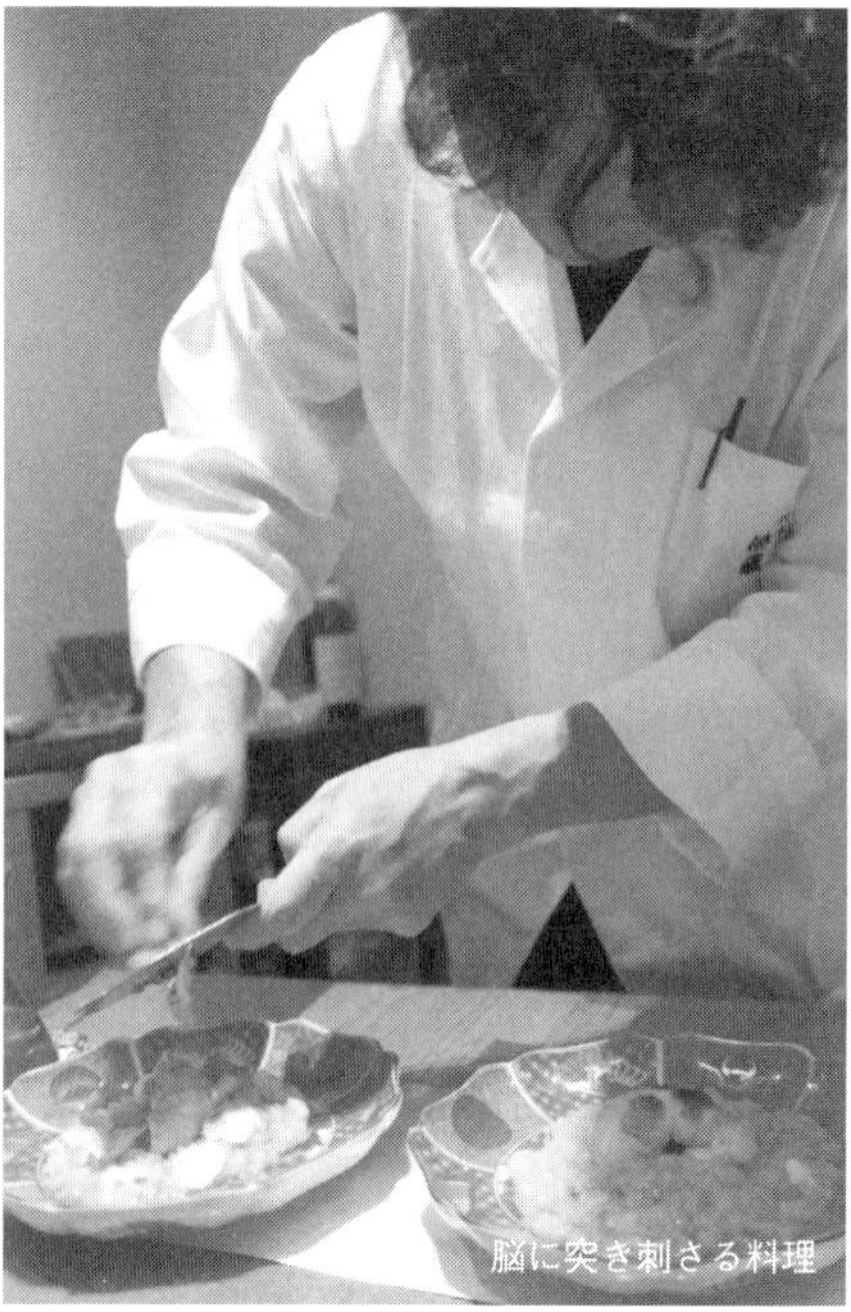
脳に突き刺さる料理

白トリュフふぐ誕生 新世界三大珍味

てっさがふぐのカルパッチョになった日

ワイン学校のクラスメートの新藤容子さんが『六本木浜藤』に来店してくれた時、てっさを召し上がる時に塩を下さいとリクエストがありました。

当時はてっさをポン酢で食べるものであると固定概念があったので、その提案には少し驚きましたが、塩と酢立で食べるとシャンパンや白ワインがバッチリ合いました。

それならば、カルパッチョの様にオリーブオイルを使い、塩と一緒に食べると、さらにワインに合う料理に変身しました。

てっちりもオリーブオイルと塩で召し上がっていただくと、ふぐの入った温野菜的で、これまたワインにドンピシャ。

これが、白トリュフとふぐ料理につながって行くルーツになりました。

また、ふぐ雑炊を極めたいと志していた頃で、毎日毎晩、お客様にふぐ雑炊を作りますが、よくご来店いただくお客様には、ノーマルな卵入りの雑炊の他に、卵無し、白子雑炊、生米から作る白子リゾット等、その日の私の気分でいろんな味わいの雑炊を提供していました。

特に生米から作る白子リゾットは、私のお気に入りのアイテムでした。

白トリュフとふぐを合わせる会

2002年のある日、当時「料理王国」という料理の月刊誌の社長だった浅野裕紀氏の提案で、白トリュフとふぐを合わせる会を『六本木浜藤』で開催しようという企画が持ち上がりました。

友人数人を集めて、白トリュフを持って来るのは、西麻布のワインバー『TUBAKI』の店主・椿剛氏。

昼下がりから開催の会に、朝まで営業している椿さんに、昼に来てというのは残酷な話。

結局、椿氏はお寝坊して白トリュフがなかなか到着しません。

何回も電話してやっと起きていただき、何とか最後の雑炊には間に合いました。

その場には、6人居たので鍋を二つに分けて一つの鍋からは、炊いたご飯から白トリュフの白子雑炊。

もう一つの鍋からは生米から炊き上げる白トリュフの白子リゾットを作りました。

その時出来た生米から炊き上げた白トリュフの白子リゾットが脳裏に焼きつく程、感動的な旨さで、来シーズンのお客様に是非体現させてあげたいと思い、早速そのシーズンオフには白トリュフとふぐに合うオリーブオイル探しの旅に出て、南フランスのトリポリ村で素晴らしいオリーブオイルと出逢いました。

そしていよいよ、2003年、『六本木浜藤』にとって運命的なシーズンが始まりました。

初年度は、11月中頃から3週間の限定メニューとしました。

椿氏の紹介で、仕入れの難しい白トリュフを早速取り扱うことが出来ました。

高価な白トリュフを扱うには勇気が必要

ただ、白トリュフは2週間前に発注しないと手に入りません。

なので、『六本木浜藤』のお客様が起こしになる日までには、1週間50名様限定メニューとし、一人当たり10g使用として2週間分の約1kgは予約済み。

しかも取引は全て入荷前に前金なので、約800,000円は支払済みです。

『六本木浜藤』の顧客名簿からふぐと白トリュフという全く新しい料理のご案内の葉書を作り、お客様にDMで送りましたが、お客様はご来店いただけるだろうかと超不安。もしお客様がいらっしゃらなければ予約分の白トリュフは全部自分で食べちゃおう、なんて思いながらメニュー解禁日を待ちました。

現在は改良され、ポン酢は出て来ませんが、当時の白トリュフふぐ白子コースは、前菜に煮凝りと白子豆腐白トリュフ添え。

白トリュフ卵で作った白子の茶碗蒸し。

てっさには白トリュフを掛けて、オリーブオイルと塩で召し上がっていただき、ポン酢はバルサミコ代わりにちょっとだけ添える。

花ビラの様なてっさの一枚毎に、キャビアが彩られるのは、少し後のことです。

白子オリーブオイル焼きに白トリュフ添え。

てっちりに白トリュフを掛けて、オリーブオイルと塩で召し上がっていただき、最後は生米から炊き上げる白トリュフと白子リゾットか、白トリュフ卵で作る雑炊を選べます。

嬉しいことに、3週間の開催中に全ての白トリュフは完売しました。

翌年の2004年シーズンは丁度『六本木浜藤』の20周年に当たり、横井源氏のデザインを、全て自己資金で全面改装して白トリュフふぐ2年目に勢いをつけます。

そうして2年目には、1ヶ月間に開催日程を延長しました。

新世界三大珍味

世界三大珍味は、キャビア、トリュフ、フォアグラと言われています。

しかし、『六本木浜藤』の三大珍味は、キャビア、白トリュフ、そしてフォアグラではなく、ふぐの白子。

そして大阪ミナミ地区の「新世界」はふぐ料理屋のメッカです。

という流れで、私は『六本木浜藤』の白トリュフとふぐ料理は「新世界三大珍味」と表現してます。

白トリュフというキーワードが広まる

この白トリュフリゾットは、梅谷昇氏が週刊ポスト「うまいもの図鑑」で、小山薫堂氏が「日本経済新聞」にて掲載してくれたお陰で、ふぐと白トリュフというキーワードは徐々に広まりを見せました。

　このようにして『六本木浜藤』の白トリュフふぐ白子コースは、少しだけ小さなコミュニティで話題にはなっていた様ですが、まだまだ一般的ではありません。

　しかし、最終日近くに当時ＩＴ界のスーパースターでときめく堀江貴文氏にご来店いただき、堀江氏のブログで「浜藤で白トリュフとふぐを食べた。何で男どもにこんな高いメシを奢らないといけないんだ」と書かれて、少し話題になり2年目の白トリュフシーズンも完売で終了。

　２００５年の3年目には、11月中頃からクリスマスまでに期間を延長しました。

　このシーズンでは女性誌などから取材もあり、白トリュフふぐに対する認知度が少し高くなりつつあったところに、堀江氏の逮捕により、マスコミが堀江氏のブログからふぐと白トリュフというキーワードを嗅ぎつけて連日の報道でふぐと白トリュフを連呼され、マスコミ各社はその時の様子を料理で再現して欲しいと取材依頼が殺到しましたが、私の魂の料理を広めてくれた堀江氏の話を、こんな形でテレビの前でする訳にはいかないので、当然全ての取材はシャットアウトしました。

しかし、奇しくもこの様な形で白トリュフというキーワードが一般的になり、世間のレストラン、和食店もこぞって白トリュフを料理する様になりました。

白トリュフとふぐの白子でホワイトクリスマス

『六本木浜藤』では、今では10月のシーズンに入ると早速ふぐ、松茸と白トリュフの料理。11月になれば、ふぐ、白子と白トリュフの料理を。

最近では、年明け早々には白トリュフと黒トリュフのダブルトリュフふぐ料理も現れて、どんどんエスカレートしています。

そしてクリスマスには、「白子と白トリュフでホワイトクリスマス」と言い続けて来たら、和食屋は基本的にクリスマスの日は暇なのですが、『六本木浜藤』のクリスマスは白トリュフのお陰で、1年で一番忙しい日になりました。

脳に突き刺さる料理

世界を旅していて中々巡り合えない脳に突き刺さる記憶に残る料理。

私はこの様な料理を求めて旅をしていると言っても過言ではありません。

私の生米から作る白トリュフふぐ雑炊、もしかしたら辿り着いたかも知れないと感じている今日この頃。

「神田川」「メランコリー」や「いつか街で会ったなら」を作詞した日本作詞家協会会長の喜多條忠先生曰く「人生は大きく二つに分かれます。それは『六本木浜藤』でハルちゃんの白トリュフふぐ雑炊を食べたことのある人生と、そうでない人生です」

この料理は、浅野氏、椿氏、堀江氏達のお陰で創作出来て、現在でも継続出来ていると深く感謝しています。

START

東京マラソン

えっ　あの森田さんがマラソン？

運動とは程遠いイメージの強い森田恭通氏から、ロンドンマラソンを完走した時の話を聞き、マラソン？って何のために？　と不思議な感じで聞き入っていました。

そして、2006年8月に中目黒の串の坊本部事務所スタッフの三輪田さやかから、「社長、今度東京でマラソン大会が開催されることになりましたけど、私はエントリーしますが、社長も如何ですか？」といきなり明らかに運動不足の私に声を掛けてきました。

2004年7月、乾寛治は会長に退き、私が株式会社串の坊の三代目代表取締役社長に就任していました。

ミッションがあれば断らないのが信条なので、「せっかくだからエントリーしておいて」とお答えたら、「42.195kmの部と10kmの部がありますが、どちらにされますか？」と。42.195kmって人が走れる距離って想像出来なかった私は、「10kmの部でお願い」と、第1回東京マラソンにエントリーしました。

まず、どんな時にも形から入りたがる性格の私は、たまたま息子のボストンでのサマースクールのお迎えでニューヨークに行った時に、新しいジョギングシューズと新しいジョギングウエアに身を包み、セントラルパークを走るところからトレーニングを始めました。ニューヨークを颯爽と走る予定でしたが、折からの運動不足で、すぐにヘトヘト。それでも以後連日のトレーニングを欠かさず、85kgあった体重も3ヶ月で69kgまで絞りました。

10月には、東京マラソン10km部門を奇跡的に当選してトレーニングにますます気合いが入ります。

そんな話をしていたら、友人で歌舞伎役者の中村扇雀氏も走ることになりました。

土砂降りの東京マラソン

そして東京マラソン当日、未明から降り続く雨で新宿の都庁前に集まったランナー達全員の身体は凍りついている状況です。

連日たった一人で練習していたので、こんなにたくさんの人がただ走るというだけのために集まっているという不思議な感覚で、土砂降りの雨の中、私はかなり興奮状態でした。

スタートして、10kmの部の割には豊富な練習量と85kgあった体重も、15kgのダイエットにも成功したので、スムーズに軽やかにゴール出来ました。

丁度、ゴール前辺りから世に言うランナーズハイの状態になれたみたいで、不思議な現象で、10kmのゴール付近ではそこはかとない物足りなさで、もっと走りたくて切なくて、涙が溢れ出て来ました。

来年は必ずこの大会で42.195kmを走りきると心に誓い、日比谷を後にしました。

何としても歌舞伎座までは頑張ると言っていた扇雀氏は見事完走。これも妙に羨ましくて、羨ましくて。

それから毎日、取り憑かれた様にトレーニングが始まり、朝どんなに早い約束が入っていても、必ず2時間前には起きて最低5kmは走ってから1日の行動を開始するといった日常が始まります。

そうして翌年の東京マラソンでは42.195kmを4時間28分で無事に完走することが出来ました。

以後は、東京マラソンを完走することが毎年のイベントになっていて、このルーティンもいい意味で健康維持になってます。

ゴールシーン

串の坊新聞

2016年
夏号

人生はマラソン

2016年2月28日東京マラソンで、自身18回目のマラソンにして初めて、昔から何となく耳にしていた「人生はマラソン」って言う言葉の意味を、10キロ越えた辺りから何となく気にしながら走った。

タイムを気にしながら走る自分の姿に、通帳を見ながら残金を気にしている様な、と感じた。

するど、日比谷公園辺りで向こうからトップランナーが走って来ました。

何だか彼らはとても金持

ちに見え、また、折り返して日本橋32キロ辺りでは、向こうから来る24キロ辺りを走ってる遅いランナーが何だかとても貧乏な人に見えて、あの人達若い頃に頑張らないからこうなっちゃうんだよ、何て思ったりして。

　人生はマラソン、さしずめ年齢に例えると、10キロは20歳、20キロで40歳、30キロで60歳、40キロで80歳といったところでしょうか。

　若い頃はスイスイ走れるけど、50歳越えた辺りから身体のあちこちにガタが来て、思い通りにいかなくなり、痛くなってきたりして。

　人生は終わりのないマラソンって言う人がいるけど、それは違う感じがする。人生もマラソンも終わりがある。

　ただ、ゴールの後の達成感や痛い身体で帰路に就くところも、引退後の人生の様な感じ。

　人生とマラソンの違いは、人生はやり直しが利かないけど、マラソンは何度でも挑戦出来る。

　だから、後半の辛い場面では、もう二度と走りたくないと思っていても、何度も挑戦してしまうのでしょう。

INTERNATIONAL
wine
CHALLENG

International Wine Challenge

日本酒世界一を決める審査員に

2004年、赤坂の日本酒バー『れくら』や『串の坊六本木ヒルズ店』をはじめとする『串の坊』各店舗で、外食チェーン店ではいち早く日本酒の充実したメニュー構成を採用し、それを追従する飲食店が増え始めた頃の話です。

旧知の仲の当時JALの客室乗務員の平出淑恵さんは、自身のライフワークとして日本酒をワインの様に世界に広めて、世界の日本酒愛好家を日本全国の酒蔵に呼び込もうというSAKEから観光立国の実現をしたいとの夢がありました。

彼女はJALに社外活動申請をし、ボランティアで日本酒業界に対して国際線の客室乗務員で世界を旅して得た交友の広さを活用して、日本酒を世界に広めたいと考えていました。

若手の蔵元の全国組織「日本酒造青年協議会」が、シドニー「Tetsuya's」の、世界的に影響力のあるシェフ和久田哲也氏を2006年から京都で叙任式を始めた酒のアンバサダー「酒サムライ」に任命し、日本人として日本酒を広めることの重要性を説き、その後、和久田氏が当時の若手の中心、天狗舞、満寿泉や浦霞などの日本酒に興味を持てば持つほど世界のシェフが日本酒に啓蒙していきました。

また、彼女の実弟の荘司氏は台湾で『乾杯』という焼肉料理店を大成功させ、次のステップで高級焼肉店を開店させようとしていた時、平出さんは荘司氏に「満寿泉」の桝田隆一郎氏に引き合わせ、海外店ではもちろん、日本でも珍しい満寿泉専門高級焼肉店『老乾杯』を台北に開店させ、その後、上海、深圳、ロンドンなどにも展開する程の一大焼肉チェーンに成長しました。

中でも上海の『老乾杯』は、世界で初めて焼肉店でミッシュラン一つ星に輝く他、数々のレストランに於ける賞を取るほどの名店になりました。

平出さんは日本酒に対する情熱は、1984年設立されたロンドンで開催される世界最大のワインコンベンションであるインターナショナルワインチャレンジ「通称IWC」に2007年日本酒部門を創設する成功につながりました。

IWC日本酒部門にて、世界で活躍する日本酒に詳しいソムリエや日本酒関係者を審査員にし、毎年ロンドンで審査されることになりました。

ＩＷＣ日本酒部門が出来て3年目の２００９年に、その平出さんの誘いで、私もＩＷＣの審査員の一員に加わりました。

以降10年以上に渡り、現在もなお続けて審査員をさせていただいてますが、審査を通じて日本酒の真贋、そして奥深さも勉強になり、またそれぞれの国で日本酒シーンの第一線で活躍する海外の審査員達との交流など、それらによって『串の坊』や『六本木浜藤』の発展にも寄与できればと思っています。

「酒サムライ」叙任

こうした『串の坊』『六本木浜藤』での日本酒をリスペクトした店舗造り、また「ＩＷＣ日本酒部門」にて長年の審査などの活動により、日本酒をリリースする姿勢が評価されることになりました。

２０１９年秋、京都「松尾大社」において、私は日本酒造青年協議会より『酒サムライ』に叙任されました。

kushinobo1950開店

六本木ヒルズにエントリー

新宿伊勢丹会館店の大改装に端を発し、2002年9月には27坪の東京銀座本店を、私が経営を始めてから初となる、全面改装工事に銀行借入をしないで4,960万円を掛けて達成しました。

あの入院以後は無借金経営を目指していたので、この頃から店舗の改装は借入をしないで実行すると決めていました。

ある時、新聞で六本木にとんでもない建物が出来るとニュースで知りました。

新規出店を封印してから早5年の月日が経ち、『串の坊』もお客様と向き合い、生産者や蔵元さんなどの絆がどんどん深くなっていた時でしたので、そろそろ新しい店舗で勝負したかったのと、六本木はかつて『串の坊』として営業していましたが、お客様が少なくて『六本木浜藤』に業態変更した、言わば負けた地だったので、リベンジしたい気持ちが湧き上がりました。

私はその頃まだ飲食業界で横のつながりがほぼ無く、情報も無かったのでアトレ恵比寿に引き続き、一般の公募で六本木ヒルズの出店にエントリーしました。

六本木ヒルズのコンセプトはオンリーワン。

チェーン店は新しい屋号で新しいコンヤプトで無いと出店叶わずと言うものでした。

『串の坊』は、これまで海外での出店は全て失敗に終わっていたので、切り替えて日本に最高の串カツ屋があるから日本に来て下さいと言う戦法です。

ここ六本木ヒルズは海外から日本の玄関。

もし『串の坊』をニューヨークに出店したら、こんな空間を創るという、仮想ニューヨーク出店がコンセプト。

オンリーワンという事業なので、屋号は『串の坊』ではなく「ｋｕｓｈｉｎｏｂｏ」とし、日本の伝統的な味をここ六本木ヒルズから世界に発信します。

１９５０年創業の伝統的な串カツを世界各地を巡り吟味したワインと、日本中の蔵巡りして串カツに合うのを特撰した日本酒、焼酎、泡盛と共に提供するというものでした。

どうやら、かなりの倍率が高い物件でしたが、六本木ヒルズから世界に発信するというキーワードが審査されていた人達の心に届いたみたいで、無事に出店が決まり、開店資金には32坪1億7000万円の投資に対して新規出店なので、8,000万円は借入して開店させました。

店長は点滴を射ちながら伝説の売上達成する

2003年4月開店早々の六本木ヒルズ『kushinobo』は初日から大盛況、開店と同時に満席になり、当初午前3時まで営業していましたが、午前2時頃迄行列が途切れることの無い、空前の大ヒット店となりました。

当然、店長以下従業員の皆さんもヘトヘトでしたが、特に店長は点滴を射ちながらも頑張ってます。

そんな折に私は六本木ヒルズで朝礼に行き、「君たちは今、開店早々で非常にたくさんのお客様にお越しいただいて大変かも知れませんが、飲食店で本当に大変なのは、暇でいつご来店いただけるかも知れないお客様を待つ時。忙しいとはいえ、君たちはスポーツをしている様なものだ。気を引き締めてしっかりと真心を込めてお客様を接客して下さい」と、フルマラソン走る方がもっと大変だよとでも言う勢いで、陣頭指揮を執っていました。

この様にして、32坪の店舗で最初の1か月は4，200万円売り上げるという『串の坊』でも未だに破られることの無い伝説的なスタートダッシュになりました。

オンリーワンのこだわり

とにかく、微に入り細にわたってこだわり抜いた店造りをしました。

お酒のラインナップも、君嶋氏との旅で知り合ったワイン、日本酒、焼酎、泡盛を200種を超えるアイテムを揃え、全国の串揚げ店および和食店が様々なお酒をリストアップするきっかけの店になりました。

食器は今までもオリジナルの窯で焼いていましたが、一新して瀬戸製型の長江一弥氏と私のオリジナルデザインに。

米や野菜はカリスマ農家の福島Jラップの伊藤俊彦氏から。

岡山に訪問して夜を徹して料理に対する考えを話し込んだ「吉田牧場」の吉田全作氏からは、週2回出来たてのチーズを送ってくれることになりました。

吉田牧場のチーズは人気があってランチから出すとすぐに売り切れるので、六本木ヒルズの店は当時深夜まで営業していたので、チーズタイムと銘打ち、チークタイムとかけて毎夜22時になると「つのだ☆ひろ」さんのメリージェーンをテーマソングにしてラジカセで鳴らしてチーズタイムの始まりの合図にしていました。

誰か、つのだ☆ひろさんを紹介して下さい

毎日毎日ラジカセで鳴らしていましたので、そろそろ一度でいいからチーズタイムに本物のつのだ☆ひろ氏に唄って欲しいと思い、2005年『串の坊』の年賀状で「つのだ☆ひろ」さんにチーズタイムで唄って欲しいけれど、誰か知り合いいませんか?とメッセージして約20,000人に伝えました。

しかし、誰一人としてその返事は無く悶々としていました。

我が阪神タイガース 日本シリーズで負けたけど

その秋に、我が阪神タイガースがセントラルリーグの覇者となり日本シリーズに進出しました。六本木猛虎会という六本木でこよなく阪神タイガースを愛する会があり、私はそ

の会の仲間と野球を観戦したり飲み会をして阪神の話で盛り上がったりしています。

千葉ロッテマリーンズとの対戦、3連敗の後、甲子園での日本シリーズ第4戦と第5戦のチケットをゲットしていた私は、天然ふぐのシーズン中にもかかわらず、六本木猛虎会会長の山本たかお氏と大阪で野球観戦。

残念ながら4連敗で千葉ロッテに甲子園での優勝を許し、翌日のホテルのキャンセルやら何やらで二人ともバタバタしながら帰路に着きました。

その後おきまりの大阪の居酒屋にて残念会ですが、普段はタイガースの話しかしませんが、その日ばかりは野球の話をする気になれず、共通の話題もないのでお互いの仕事の話になりました。

そして、私は『串の坊』と『六本木浜藤』を経営している話、『串の坊』でつのだ☆ひろ氏にチーズタイムに唄って欲しいけどどうすればいいかわからないという話とかを語りました。

そうしたら、たかお氏、「ほんなら、俺がひろさんに言うといたげるわ」とあっさり?

「何でそんなにあっさり、つのだ☆ひろさんに頼めるの?」と聞いたら、「俺、テレビ朝日Mステのプロデューサーやで」

知らなかった。

たかお氏、うっすらテレビ朝日の人ってことは知っていたけど、そんなに偉い人だったとは。

ありがたい、ありがたい。

私のふぐ雑炊 美味しかったら唄う?

私は「ではこうしましょう、『六本木浜藤』につのだ☆ひろさんを御招待して、美味しいと感じていただけたら唄っていただく。美味しくなかったらスルーする。どうですか?」

たかお氏は、「それ面白い!早速連絡するわ」と、程なくして翌月に念願のつのだ☆ひろ氏との初対面する日がやって来ました。

私は『六本木浜藤』にて、ひとしきり気合い入れた料理を作り、そして〆の雑炊も完璧に出来ました。

その後22時迄に六本木ヒルズの『串の坊』に移動し、店員がラジカセを持ち、メリージェーンを鳴り響かせながら「吉田牧場のチーズタイムになりました、如何ですか？」と歩き回ります。

ひろ氏「ねー、これって著作権的には違反だよ」と若干意地悪な感じでしたが、この件を快諾していただき、どのタイミングで唄おうかという話に急展開しました。

チーズタイムでのメリージェーンのお披露目は出版パーティー

その時、『串の坊』の料理本「kushinobo 美味しい串揚げの本」を作成中で、出版のタイミングが2月末頃とぼんやり見えて来ていた時期でした。

「私の誕生日は2月28日なので、その前日に前夜祭を兼ねて2月27日の夜に出版パーティーをここ六本木ヒルズの『串の坊』で開催して、22時にお客様にはサプライズでひろさんがメリージェーンを唄いながら店内に入って来る、深夜零時を超えたらお誕生会という設定は？」と提案したらそれも快諾していただき、日程も全て一夜で決まりました。

ひろ氏、「22時までの間暇なので、私は厨房の中に入っていて、その後急に唄い出すのは？」とひろ氏からの提案がありましたが、目立つので却下、何処かでこっそり隠れていて下さいとお願いしました。

そして、当日はサプライズも大成功。

友人の嘉門達夫氏や尾崎亜美さんも友情で唄ってくれたりして、大盛況で本も料理本としては異例の第4版まで増刷する程売れました。

そして、今では、つのだ☆ひろ氏と大親友になり、念ずれば叶うんものだなと、改めて思い知りました。

kushinobo 美味しい串揚げの本

串カツのスリランカスタイル

海外出店は封印しましたが、食材探しの旅の途中で、世界の人々に日本の串カツを体験してもらうべく、時折チャンスがあれば現地で料理をして、諸外国の皆さまに振る舞っていました。

2002年、原宿「生活の木」がスリランカで経営しているホテル「Tree of Life」に、そのオーナー重永忠氏と共に訪問しました。

同じ阪神ファンということもあってか、重永氏とは昔から妙に気が合うのです。

彼からスリランカのホテルのシェフに、串カツ料理を教えて欲しいとの要請がありました。

私は日本からパン粉や串の坊特製ソースなどの材料を持ち込み、現地の市場で食材を調達し、シェフ達と共に串カツを料理しました。

ほぼ日本の串カツに近いものが再現出来ましたが、現地で食べるとなぜか違和感を覚えます。

翌日もう一度現地の食材を串に刺して揚げ、スリランカで日常的に食べられている様々なカレーと合わせて提供してみると、これが大好評。串カツのスリランカスタイルです。

串カツという料理は、その国毎の楽しみ方があるはずだと確信しました。

車椅子に乗ったまま、サファリでゲームドライブ

２００５年、ケニア「ムパタ サファリ クラブ」での出来事です。

満寿泉の桝田隆一郎氏から電話がありました。

「乾さん、黒川さんの親友の息子さんが乗っている車椅子の乗降をヘルプするのに、私一人では重いのでちょっと手伝ってくれませんか？」

突然の要請でしたが「いいよ隆ちゃん、それで何処に行けばいいの？」

「ありがとうございます。ではケニアのナイロビまで来て下さい。そこから乗り換えてマサイマラに行きます」

まー、遠いなとは思いつつも、アフリカには行ったことが無かったので興味もあり、いつもの軽いノリで出発。

羽田空港～関西空港～ドバイ～ナイロビ～マサイマラと、27時間かけてようやく到着しました。

夜明け前から、大自然の中を駆け抜けるランドクルーザーに乗り込みます。

サファリのために開けた屋根の隙間から、皆さん頭をピョコンと出して、ライオン、レオパード、縞馬、像、カバ、キリンなどの野生動物を鑑賞するゲームドライブに出発。

ヌーが命懸けで川を鰐の攻撃をかわしながら渡って行く様子を見るために、今か今かとただひたすら川岸でヌーが川を渡るのを待つ「ヌーの川渡り」

川岸を行ったり来たりを繰り返し、なかなか川を渡らないヌー。

何時間も待たされます。

炎天下の下、ずっと待って結局痺れを切らして撤収し、仮に5分後に数千頭ものヌーが一気に川を渡り始め、大自然の壮大な光景を見逃した時には、それはもう後悔してもしきれません。

そう、ただ待つしかないのです。

そうして普段と全く違う時間が流れて、心が洗われていきます。

虎屋の黒川光博氏は、親友の御子息と他の車椅子での生活を余儀なくされている人達にも、この様な雄大な大自然を体験してもらおうと、車椅子に乗ったままサファリでゲームドライブが出来る専用車を、トヨタに対して製作依頼しました。

この意志に感銘を受けたトヨタはそれを「ムパタ　サファリ　クラブ」に寄贈することになり、車椅子での生活の人達も、マサイマラの大自然を体験できる様になりました。

マサイマラで突然「串の坊」

3日目には、セスナ機に乗り込みビクトリア湖ツアーです。

湖で釣りを楽しみ、ナイルパーチ（鱸）が2匹釣れました。

帰りの道中でこの魚、どんな料理をして食べようかと皆んなでワイワイ話をしていたら、黒川氏が突然「そりゃ、串の坊でしょう」と一言。

私はホテルに到着するや否や、厨房に入り、シェフと共に魚を捌き、冷蔵庫にある食材を物色し、爪楊枝を串代わりにして、お題のナイルパーチ（鱸）、肉や野菜など数種類を現地の油とパン粉を使って串カツにし、フォンドボーをベースにソースを作って即席で完成。

すると、これも大好評でした。

寿司はカリフォルニアロールやレインボーロールなど、世界で変化を遂げています。

串カツも、日本での調理法でそのまま料理するより、それぞれの国の風習を鑑み、その国独自の材料でアレンジして味わってもらうことが、串カツの文化を世界に広めることの近道だと気付きました。

大阪では串カツ 東京では串揚げ 世界ではkushinobo

2005年のある日、知人の料理本等の編集者から突然電話がありました。

「乾さん、串カツの本作りませんか?」

唐突なお話でしたが、これまでの人生で本を作るという概念は全く無かったので、これも経験と思い、即決し快諾しました。

まず、構成を組み、撮影に入ります。

テーマは串カツを世界に発信するということ、舞台は六本木ヒルズの串の坊です。

スリランカやマサイマラでの体験を基に、串カツを世界の人に伝えるために、日本語表記と並列で英語表記でアメリカでも販売、後に中国語表記でも出版し、中国や台湾でも販売されました。

特に英語や中国語訳では、この料理関西では「串カツ」、関東では「串揚げ」などと呼ばれることが多いのですが、日本を一歩出るとこの料理は「ｋｕｓｈｉｎｏｂｏ」と呼んで下さいとのメッセージも込めました。

もう一つは、串カツとお酒のマリアージュです。

ピックアップして撮影した串カツに、串カツ1本ずつマリアージュするお酒を、今や日本ソムリエ協会副会長の君嶋哲至氏が選択しました。

座談会は、串カツ屋を代表して私、日本酒は満寿泉の桝田隆一郎氏、焼酎は宝山の西陽一郎氏、ワインは六本木『マクシヴァン』の佐藤陽一氏。このメンバーで串カツと酒のマリアージュを語り合いました。

要するに、串カツは日本酒、焼酎、ワインなどのお酒は何にでも合わせやすい料理で、世界に通用する料理であるというまとめです。

串カツ屋の教科書

この本を出版して一番嬉しかったことは、フランスシャンパーニュ地方のボランジェという蔵に見学に出掛けた時のことでした。

そこで偶然に居合わせた若人、同じグループでシャンパーニュの説明を受けて世間話をしていました。

私が、株式会社串の坊の社長とわかるや否や鞄からゴソゴソと使い古した一冊の本を取り出して来ました。

「ｋｕｓｈｉｎｏｂｏ　美味しい串揚げの本」でした。

「僕の教科書なんです」と言ってくれた若人は、大阪の串カツ屋『凡』などを運営している会社の社長の若狭洋介氏でした。

「串カツ業界、この本出してくれて凄く指針になって良かったです」と感謝までされました。

串カツを世に広めるために、一生懸命店舗の拡張ばかりしていた頃もありましたが、思わぬところで串カツ業界に貢献してるものだなと感じました。

出版記念パーティー

『六本木ヒルズ串の坊』でコンサート

美味しい串揚げの本の出版記念パーティーは、2006年2月27日夕方15時から、私の誕生日の翌28日深夜零時過ぎまで賑々しく繰り広げられました。

22時のチーズタイムでは、つのだ☆ひろ氏がお客様にはサプライズで「メリージェーン」をいきなり歌っていただき、私の念願も叶い、六本木ヒルズの『串の坊』は大いに盛り上がります。

そして嘉門達夫氏が、替え歌をこのパーティーのために作って披露していただきました。元歌は皆さんのご想像にお任せします。

夢の時間 午前零時に誕生日

この後、尾崎亜美さんには「オリビアを聴きながら」などを披露していただき、零時過ぎには私の誕生日になったので、亜美さんとひろ氏のデュエットによるバースデーソング。

この様にして夢のような、夜が更けていきました。

『二十二本の串揚げ』

乾さんに「おめでとう」って言えるのは 今日だけ
写真集出て 出版めでたい でもこの本が
売れなければきっと 言えなくなってしまう
そんな 気がして
私には 写真に写った
串揚げが どれも 美味しそうで
私の 目の前にあった
実物に縋り付いて しまった

私の 誕生日に二十二本の 串揚げを食べ
ひとつひとつが みんな乾の 人生だねって言って
十七本目からは 一緒にソース漬けたのが
昨日の ことの様で
程よいところで止めなきゃ
串揚げどんどん出て来るんです
串揚げを 知らない世界に 広めていって下さい乾さん

一つだけ こんな私の
わがまま聞いてくれるなら
浜藤に ばかり力を入れないで下さい 乾さん

『串揚げといつまでも』

串の坊 串揚げを 包む この衣が
アスパラ 持つとこ 衣は ついてない
海老は 背中に 串を 刺されて
姿勢が 伸びている 気の毒 車海老
大葉が 巻いてある 風味ある 芝海老
ズワイを ほぐして 手間かけ 鱚で巻く

「串揚げだなぁー
僕かぁー 君と食事する時は
いつも串揚げなんだ
僕かぁー 死ぬまで
串を離さないぞ
イイダコ」

君が串揚げを 食べた後には
ワインを 飲む時間
メリージェーン 流れてく
今宵も 日が暮れて
十時 チーズタイム
つのだの 歌声
変わらない いつまでも

串の坊 世界に 広がれ どこまでも

不謹慎と思われた写真

東日本大震災

念願叶う 借入しないで新規出店

２０１０年10月羽田空港国際ターミナルに出店。

20坪で総工費４,６１０万円をついに念願で『串の坊』の歴史上初めて、銀行借入を一切せずに新規出店を達成しました。

それでもまだまだ借入金多かったのと、オープニング景気で爆発的な売上げを記録するものの売上金が会社の口座に振り込まれるのは、月末〆の10日なので相変わらず資金繰りは火の車でしたが、徐々に売上金の入金も続くと資金繰りも安定しホッと一息つけました。

東京マラソン ＳＵＢ４達成

そうして２０１１年２月27日49歳のこれまた誕生日前日、ついに東京マラソンで４時間を切るＳＵＢ４を森栄樹氏と共に達成し、私の有頂天は最高潮に達しました。

記念にシャンパンファイトした時に撮った写真が気に入り過ぎて調子に乗り、『六本木浜藤』の臨時ニュースというＤＭを作成。

その写真をアップして、「浜藤にご来店の際、私にSUB4達成おめでとうとお声がけして戴いたお客様には、お食事代金の30％を割引させて戴きます」と記入。

これまであんなに嫌だった料金の割引をすることになりました。

3月10日には、DMも完成して名簿をプリントアウト、住所のシールを貼る作業が始まりました。

第三回　この世の終わりと感じた日

3月11日金曜日午後2時46分、中目黒の事務所の部屋に居た私は、阪神淡路大震災以来のこれまであまり体験したことのない揺れを感じました。

危険を感じ外の様子を見るために一旦事務所を出ましたが、辺りの無事を確認して事務所に戻り、震源地がどうなっているのかを知るためにテレビをつけました。

津波が押し寄せる前から、車や船が流されて行く映像がライブで映し出されています。

少し前にスマトラ沖地震の映像で津波の恐ろしさは体感していたのにもかかわらず、とんでもない事態が起こっていると、ただ呆然とテレビの画面に釘付けになっていました。

その日は金曜日でしたが、『六本木浜藤』の予約は全てキャンセルになり、帰宅困難などの問題もあったので、『串の坊』各店との連絡のために事務所で待機していました。

不謹慎と思われた葉書が心に灯をともす

翌日は土曜日でしたが、全店舗営業するものの閑古鳥状態でした。

昼頃に『六本木浜藤』に行き、東京マラソンのＳＵＢ４達成のＤＭは貼り終えていたので、主任の本木歩に「せっかく貼れたから、昨日投函したことにして、しれっと出しちゃおか」と言えば、「それは不謹慎だと思います」ときっぱり反論され、納得せざるを得ません。

そんな時、フランスに居た友人から電話があり、原発事故で東京も放射能で汚染されるから早く東京を離れてと悲鳴の様な連絡が入りました。何が起こっているのかわからなかったけど、社員を残して東京を離れる訳には行かないので、そのまま待機。

日曜日になると事態はさらに深刻な様相を見せて来ました。

夜には『六本木浜藤』での会食で知り合い、結婚するに至った森田恭通氏と大地真央さん夫妻にご来店いただき、例のＤＭを見せてこれを送ろうと思ったんだけど、こんな時にこんなチャラい葉書送れないと嘆き話をしたら、大地真央さんが「こんな時だからこそ、その様な元気になる情報は提供しなきゃ」と言ってくれました。

いろいろ考えて、そうだ「こんな時だからこそ、この葉書をご持参のお客様に対する30％の割引はお客様の御同意があれば、東日本大震災に寄付致します」というシールを貼って出そうと思い付き、早速翌日に投函しました。

そうしたら「こんな時に美味しい物を食べるのは罪悪感があるけど、食べると寄付出来るから安心して来れました」という声が続々で、お陰で、その後飲食店から被災地への寄付が実施されますが、『六本木浜藤』は日本で一番早い段階でそれをしていたことになりました。

そして程なく、『六本木浜藤』は3月31日のシーズン終了間際まで本来の活況を取り戻しました。

一番大変なのは東北なのに 東京で怯える

地震発生から3日経ち、福島第1原発の事故による影響が拡大し、節電のため、東京の商業施設に入っている店舗は昼間だけの営業でクローズし、夜の営業は出来ません。

この状態がいつまで続くかも全く予想出来ませんでした。

『串の坊』は、土曜日・日曜日が忙しい店舗が多いのですが、その週末はほぼ売上げが無い状態で、手元の資金も羽田空港を自己資金で出店して間もないので枯渇していました。しかも、まだ4億円もの銀行借入金が残っていたので、今まで味わったことの無い恐怖を感じます。

3月16日には、新入社員が16名入社してくれました。

しかし、嬉しい反面、売上凍結でこの若者の給与支払いも心に重くのしかかります。

原発の事故の影響で、このまま東京の都市機能が破綻したらどうしようと、考えれば考えるほど恐怖で、今までは何とかかんとか売上げはあるのでその循環で賄って来れたものが、その売上げという血液が止まれば、従業員に3,000万円、家賃2,000万円は誰が支払う? 俺? ヤバイ俺だ。

一人で立ち向かうには重い金額だ。

何とかして株式会社串の坊を存続したいと思いながら、最悪の事態も考えました。

私は、一人で連帯保証していたので、これ以上怖くて銀行借入出来ないし、心細い。

とはいえ、仕入れ先の農家が福島だったので輸送手段が分断されていて米が届かず、ランチに使う米が無い、水も無い、トイレットペーパーも無い。

トラックで駆けつけてくれた薩摩隼人

私は、ふと思い付き、被害と無縁の鹿児島の友人である薩摩焼酎「宝山」の西酒造の西陽一郎氏に電話して、米やトイレットペーパー、水を送って欲しいと依頼しました。

すると、震災の影響で鹿児島からの配送は大阪までで、東京には送れない事態でしたので、西氏はすぐにトラックを自ら夜駆けで運転して翌日の昼にはそれらを東京に届けてくれました。

私は鹿児島から到着した西氏の姿を見たとき、自分自身が置かれている現状の恐怖と、わざわざ来てくれた感謝と相まって、涙が溢れ出て止まりませんでした。

彼はその少し前に、農林水産省の間違った情報に翻弄され、言われも無い国の事故米の被害で大変な難局に立ち向かい、それを乗り越えていました。

私もその事件に対してかなり応援していましたが、その逆の立場になるとこんなに辛いものかと思ったからです。

そしてお互いの立場を心から理解し合えて2人で泣きました。

吾唯足るを知る ピンチの時に問われる経営者の資質

私がその時強く感じたのは、社員には何の罪も無いのに、この絶体絶命のピンチに私の様に、心にゆとりが無くあたふたする者は、経営者として失格と心に刻みました。

4月になると、東京も消滅するかも知れないという最悪の事態は回避された様子で、次第に商業施設の営業も再開されることになり、世の中も少しずつ落ち着きを取り戻しました。

この大地震を機に、私は株式会社串の坊と、その子会社で関西の店舗を経営している有限会社串の坊との双方とも代表取締役をしていましたが、有限会社串の坊の経営は故廣瀬一夫の長男に譲り、株式会社串の坊と『六本木浜藤』の経営に専念することにしました。

そして、開店して4年余りの銀座コリドー街の店も出店当初は盛り上がりを見せましたが、直後のリーマンショックであの界隈は特に閑古鳥が鳴り響き、その後しばらく営業も鳴かず飛ばずだったのと、株式売却による臨時所得を帳消しにしないとお金も無いのに高額な税金負担には耐えられないので、閉店し特別損金を計上しました。

「吾唯足るを知る」

己の許容範囲でコンパクトな経営を心掛けよう、そして一刻も早く無借金になり、さらに貯蓄をし、来たるべく起こり得る天災や大恐慌などの時にも、余裕綽々で従業員に寸分も経営に対して心配をかけない様な経営者になるということが、現在も私の大きな指針になっています。

串の坊新聞

2011年
冬号

復興に向かって

平成23年3月11日、この日は日本人にとって大きな転機になりました。

まだまだ原発事故の処理の問題、大気汚染や海洋汚染などと問題は山積しているものの、それと同時に日本人の底力も体感することが出来た9ヶ月でした。

テレビでは、年配の方が口々に震災の後に先の大戦後と比べれば何ともないとか、広島や長崎での原爆に比べたらまだましとかおっしゃっていました。

私は戦後の生まれなので第二次世界大戦のことは映像や写真では認識していたものの、とても体感出来うるものではなかったのですが、失ったものに対する絶

望感とやがて訪れる未来への復興に全精力を傾ける人々の絆はこんな感じだったのかなと思える様になりました。

関東の『串の坊』は、震災直後の3月は収益店の百貨店や駅ビルが節電のため営業時間短縮を余儀なくされ、しかもいつまで続くかわからない見通しが全くつかない状態でした。私は全神経を集中して何とか全従業員の生活を守ろうと必死でした。

そのような状況の中で全社員、準社員共にそれぞれ自らの生活をも犠牲にして関東の串の坊の存続に協力していただけた事は幾ら感謝してもしきれません。

この場をお借りして心よりお礼申し上げます。ありがとうございました。

幸いと云っては語弊がありますが、4月からは何とか通常の営業が出来る様になりその後もほぼ順調に推移して現在に至っております。

2年前に東京串の坊の社員錬成大阪旅行は関西地区の鳥インフルエンザ流行の問題で中止になりました。日本列島が伝染病という病原菌の広まりの恐怖に震撼としていた時、たまたまマラソン仲間の稲本健一氏（株式会社ゼットン 代表取締役）と高島郁夫氏（株式会社バルス 代表取締役）と私の3人で食事をしていた折にそれぞれの危機管理について話し合いました。

当時バルスは約半年間は売上げがなくても問題ないと、ゼットンも2ヶ月間は大丈夫とそれぞれの危機管理を伺いました。そんな会話の中、当時の『串の坊』はその後の回復の具合にもよりますが2ヶ月間売上げ無しでの運営は難しいと感じていました。たわいないこの食事会の中での会話で少し私の経営に対する方向性が変わり、より堅実な方向へとシフトしました。

その後は常に意識の中で世の中が完全にフリーズ状態になった時をも想定して経営して参りましたが、残念ながら今回の様に現実に目前に災害があると平静ではいられなくなり些少パニック状態になりました。

今後はこの経験を活かしてより皆さんが安心して働ける職場造りを目指して経営していきたいと思っております。

夏の新聞でも触れましたが、私はこの状況の中で大きな2つの決断をしました。

その一つ目は開店して出店して4年足らずの銀座コリドー店の撤退です。銀座コリドー店は、開店後すぐに襲って来たリーマンショックもあり、さらに今回の震災をも克服する事は、串の坊は銀座地区に3店舗もあったので難しいと判断したからです。

一見には屈辱的ではありますが、勇気ある撤退は時に企業の健全な存続には必要であり、この様な決断は店舗を開店させるよりもはるかに難しくて重要な判断です。

二つ目は、阪急百貨店梅田本店に出店を決めた事です。震災前からお話があり条件面を交渉していたのですが震災後に条件も折り合い契約しました。

阪急百貨店梅田本店への出店に関して当初は私が社長を務めていた有限会社串の坊で経営する方向でしたが、震災後の火急な社長交代や不安定な運営背景の折であった事や、出店するにあたって色々とネゴシエーションをしていたので、その手前どうしてもキャンセル出来ない事情も重なって、結局関東を経営母体とする株式会社串の坊が運営する事となりました。

さりながら、阪急百貨店梅田本店での出店の成功は大阪串の坊の皆さんの応援なくしては有り得ないので、何卒ご協力の程よろしくお願い致します。

今年一年色々ありましたが、現在こうして生活出来ている事に感謝しつつ残り僅かな日々を過ごしましょう。

そして来年は皆様にとって素晴らしい一年になります様に共に頑張って参りましょう。

筆者とJラップ伊藤俊彦氏

串の坊新聞

2014年
冬号

諦めずに、ドン底から這い上がった人

串の坊で全店リストされている宝山の西酒造が、去る11月12日ロンドンで開催されたInternational Wine and Spirit Competition（I・W・S・C）に於いて、長期貯蔵芋焼酎「天使の誘惑」が、焼酎業界で初となる最高金賞（Gold Outstanding Trophy）を獲得し、更に「西酒造」がアジア最優秀醸造元となる「Asia Pacific Spirits Producer」に認定されました。

私は、International Wine Challengeの日本酒部門の審査員をしている関係でこの賞の受賞の重みが解るので、受賞の瞬間は驚きと感動でした。

西酒造は、まだ記憶に新

しい2008年に、国及び三笠フーズによる事故米不正転売事件が起こります。

　国から西酒造に販売していた米に「事故米」が混入されているとの情報が農林水産省から入り、翌日にもマスコミに対してこの事を発表すると電話で連絡が入りました。西陽一郎社長は、律儀にも農林水産省が発表する前にお客様にお知らせしようと即座に記者会見を開いて、事故米混入の可能性があると発表しました。

　後に解ったことで、結果的には事故米は混入されていなかったのですが、その時の風評被害は凄まじく、蔵には全国からの焼酎の返品の山積みで、それまで順風満帆だった西酒造に、経営の根幹をも揺るがす衝撃的な大事件となりました。

　事故米以後の西酒造は一時大幅な売上減でかなりのダメージを喰らいました。私も微力ながら、当時串の坊は基より、飲食店を経営する仲間を集めて、西酒造の応援集会を開いたりして応援していました。

　西酒造は、そんなドン底状態から奮起して焼酎メーカーとしては異例の、米造

返品の山積み

り、芋造りから着手し、精米工場も建設して、原料の基本となる農業から始めると云う視点で、画期的な焼酎造りを始めました。

そんな、誰も出来ないことを最悪の状況からまた新たに伝説を作り上げていった、西陽一郎社長の諦めないパワーには、感服しています。

そんな折、2011年3月の東日本大震災時、西陽一郎社長は即座に、当時東京で不足していた、トイレットペーパー、米、水等をトラックに積み込み、当時ガソリンも不足していたので、給油用のガソリンを積んだ車を後ろに従え、自ら運転して、余震の続く東京まで、我々の為に来てくれました。

言葉に出来ないほどの感謝を感じました。

やや、状況が落ち着いた4月上旬頃に、銀座のバーで西氏と飲みながら、私は「東日本大震災の影響で、東京串の坊が今後どうなるのか解らない状況の中で切羽詰まった感を体験して、初めて事故米の時の陽ちゃんの辛さがわかった様な気がする」と云って、二人で泣きながら飲んだ夜もありました。

そして、あれから5年の月日が経った今、蒸留酒の世界で権威のある大会でアジア最優秀醸造元を受賞されて、僕も本当に嬉しくて、浜藤のシーズン中にも拘わらずロンドンでの授賞式に参加しました。

これからも、串の坊グループは、宝山の西酒造を応援していきたいと思っています。

井上盛夫氏 (左)、西陽一郎氏 (中央)、筆者

串の坊あべのハルカスダイニング店

大阪プロジェクト

再び水の都大阪に出店

東日本大震災以降、関西圏を経営する有限会社串の坊からは離れていましたが、関西圏の社長も兼ねていた時代に推し進めていた、２０１２年秋に新装開店する「うめだ阪急」に出店が決まっていました。

ただ、有限会社串の坊・新社長の廣瀬和貴にとっては急転直下で代表取締役就任でしたので、新店を出すには心の準備が整わず困難な状態で、随分思案されましたが出店を見送ることになりました。

私は一旦東京の店舗だけを統括していましたが、「うめだ阪急」とは苦労してようやく契約まで漕ぎ着けていたので、株式会社串の坊としての出店を決めました。

しかし、大阪での会社の基盤は全て手放した後だったので、また社員寮、セントラルキッチンから作り直す必要がありました。

まさかのビルを衝動買い

2011年10月の大阪マラソンに出場した折、ゼッケンをピックアップした後に、大阪の不動産屋に行き、社員寮とセントラルキッチンを併設できる物件を物色に行きました。当然、賃貸物件しか頭に無かったのでいろいろ見て回りましたが予算内でなかなかいい物件はありません。

せっかちな私は直ぐに痺れを切らせて「何か売買物件はありませんか?」と質問して、今度は売買物件を見に行きましたが、なかなか帯に短し襷に長しです。

「乾さん、面白いビルならありますが、如何ですか?」とおっしゃってくれたので、ビルを買うという概念も無く、それは重い話やから無いなとは思いましたが、とりあえず見るだけでも見てみたいので、現場に急行しました。

すると、宿泊先の大阪帝国ホテルからすぐで、東天満(空心)の交差点から程近く、天神橋筋に面する、33坪の5階建てで、屋上には賃貸で看板を貸しているので年間90万円の賃料も入るというオマケ付きの物件が何と5,300万円で売りに出されていました。

一目惚れとはこのこと。

「買います、すぐに手続きして下さい」と。

「乾さん、そんなに急がなくても大丈夫ですよ」と言われましたが、「今、契約しないと大阪マラソンのゼッケンを取りに来たついでにビルを衝動買いしたことにならないから、今すぐに契約して下さい」と言い、不動産屋の事務所に戻りました。

無事に契約を済ませて、翌日は軽やかに大阪の街を疾走し、夕方応援に来てくれていたマラソン友達の森栄樹氏に、宿泊先の大阪帝国ホテルから打ち上げの食事会場に行きすがら、「モリモリ、少し歩こうよ」と、小雨が降る中、無理矢理少し歩いて例のビルの前まで来て、「あら、こんな所に昨日衝動買いしたビルがあるわぁー」とひと言。

和光菴　平井和光社長の強い言葉が決め手

早速、空心ビルと名付けて緊縮財政なので簡単に補修して使おうと考えていました。

波乱の2011年、年も押し迫り本部事務所の忘年会、年末の夜は忙しいのでランチをしている最中にあべのハルカスに20坪の物件が舞い込んで来ました。

お昼でしたが、その日の15時迄に返事をしないといけません。

私は大阪の出身ですが、幼少の頃は道頓堀、小学校低学年は城東区、小学校高学年から茨木市と中央から北に馴染みがあり、天王寺のことは全くわかりませんし、うめだ阪急店もまだ開店していないし、ビルも買ったばかりで、お金も出て行くばかりな状況です。

これは、とりあえず友人に聞くしかありませんので、まずは同じくあべのハルカスに出店を決めていた「ゼットン」の稲本健一氏に電話したら、「串の坊、あべのハルカス、私も出店しますし良いと思いますよ。ぜひ一緒にやりましょうよ」とポジティブなご意見。

次に「焼肉どんどん」の今吉純一氏に聞くと、「あべのは微妙ですよ、うちも苦戦してるから、あまりお勧め出来ません」とネガティブなご意見。

そして「バルニバービ」の佐藤裕久氏は、「あべのかぁー、良い印象全くない」と同じくネガティブで、1対2でやめようかなと心も消極的になっていたところ、最後に父の親友で関西仕出し業界の雄である「和光菴」の平井和光氏に電話しました。

「晴彦さん、絶対やりなさい。その物件は必ず孝行息子になります」と2対2のタイブレーク。

平井氏の物凄い押しが二人分も三人分も強いものがありました。

空心ビルを買っていて、1店舗より2店舗の方が明らかに効率が良く、丁度、梅田にも天王寺にも程近い物件だったことも後押しして、この緊急の出店を話が勃発してから3時間で決断しました。

ランチの後すぐに、あべのハルカスの担当者に電話して、株式会社串の坊で契約させていただきますのでよろしくお願い致しますと伝えました。

梅田　阿倍野　空心　大阪プロジェクトは3点セット

こうなったら簡単に済ませようとしていた空心ビルのリニューアルにも俄然と力が入ります。

1階は駐車場と調理場、2階は事務室兼会議室と休憩室、3階と4階は2DKが2箇所ずつ、5階は4LDKの社員寮、全て全面的に改装して結局5,300万円の物件に、諸費用や内装費、調理器具などを合わせて5,000万円、合計10,300万円。

それと共に20坪のうめだ阪急店に5,300万円、あべのハルカス店に6,500万円で、今回の大阪の一連の事業には22,100万円かかりましたが、話が始まってから最終の支払いまでは2年余りありましたので、日々の売上げをかき集めて支払いを済ませ、土地購入費用の5,000万円は銀行借入しましたが、それ以外は全て借入をせずに賄うことが出来ました。

この2店舗は、現在共に営業成績も好調で、社員寮やセントラルキッチンも2店舗あるお陰でとてもバランスが良く、今や株式会社串の坊の西の大黒柱として君臨してくれています。

Médoc marathon　筆者は右から二番目

ワインを飲みながら走るマラソン

仮装して走るメドックマラソン

東京マラソンを走った後は、フランスボルドーのワイン畑巡りながら走るメドックマラソンをはじめ、大阪、神戸、富山、横浜、そして私がマラソンを走り始めるきっかけとなった、森田氏が走ったロンドンマラソンも走りました。

フランスのボルドーワインの産地で走るメドックマラソンは、毎年のテーマに沿って仮装をして走ります。

ワイナリーのシャトーにある約23箇所の給水所では、それぞれのシャトーのワインが振舞われます。

そして、それぞれのシャトーで演奏される音楽にのせて、ランナー達はダンスを楽しんだ後、水の補給もして、次の給水所に向かいます。

悪魔に仮装した軍団に近づくと鞭でしばかれたり。

マラソンしながら、窮屈な仮装をして、ダンスをしたりワインを飲んだりして、たくましく楽しそうなフランスのランナーを見つめながら、この国と戦争したら負けるかもと感じる。

30キロを超えると、シャトーラフィットは、贅沢にもグランヴァンを振舞ってくれて、ワインマラソンも最高潮。

しかし、暑くて疲れきった身体には、路上で応援してくれる人が差し出してくれるコカコーラの方が癒される。

マラソンコース中のレストラン街

最後の5キロまで来ると屋台風のレストランが立ち並びます。

まず屋台で生牡蠣を食べて白ワインをグビッと飲みます。

そして、しばらく走ると生ハム、サイコロステーキ、サラダ、カヌレ、最後にアイスクリームとブースが続き、楽しいランチの後は、ようやくゴールです。

この時期のフランスは暑いのと、ワインやダンスや食事などで普段のマラソン大会に比べるとプラス45分は余分に時間がかかります。早く走るのが目的ではなく、いかに楽しめるかがポイント。

しっかり練習して充分な体力が無いと楽しめないマラソン大会なのです。

ウルトラマラソンに挑戦を決意する

メドックマラソンを走った時に、私が運動不足の時からトレーニングしてフルマラソンを完走するところまで見ていた友人のモリモリこと森栄樹氏。

彼はＩＴ企業を立ち上げて大成功を収めましたが、健康に目覚めて会社を若くして突如引退し、トレーニングとダイエットを開始。１１６kgあった体重も３ヶ月で何と72kgと凄い勢いでダイエットしマラソンの世界にのめり込んでいきました。

モリモリとは一緒にいろんな大会に出場して、２０１１年東京マラソンでは念願の４時間を切るＳＵＢ４も共に体験し、ついに２０１３年６月に開催される「サロマ湖１００kmウルトラマラソン」にエントリーを決意しました。

私は、以前から作家の村上春樹氏の大ファンで、「走るときについて語るときに僕の語ること」は、私が走る上で大切な教科書です。

この本の中にもサロマ湖のウルトラマラソンを走った時のことが盛りだくさん書かれて

いるので、万が一、私が村上春樹氏とお会い出来る様なことがあった時に、共通の話題が必要なので、モリモリから１００kmを走ろうと誘われた時に、迷わず私はそのためにもサロマ湖にエントリーしたいと伝えました。

サロマ湖ウルトラマラソン完走のための過酷な練習

約半年かけて練習に入りました。

ジムなどには行ったことはありませんでしたが、モリモリに誘われて以前、メドックマラソンを一緒に走った島脇伴行氏の「ＢＯＤＹ ＤＩＲＥＣＴＯＲ」に入会して筋力アップにも励みます。

練習メニューは、日曜日40km、月曜日休み、火曜日10km、水曜日10km、木曜日休み、金曜日10km、土曜日休みといったペースで、4月には練習で富士五湖ウルトラマラソン72kmの部にエントリーしました。

その日はあり得ない位の土砂降りの日。

みぞれのため、この先通行止めと言うサインもありました。

富士山の麓まで行きましたが、この雨だと大会は絶対中止だなと思ってました。

しかし、まさかの決行で、この雨の中、若干心の準備が出来ていませんでしたが、何とか無事完走。

ゴールした後、不思議なことに感情のコントロールが出来ず、涙が溢れ出しました。

サロマ湖完走か 串の坊あべのハルカス店の成功か

サロマ湖ウルトラマラソンに出場する2週間前に開店した大阪あべのハルカスの店長の星宮賢が、「社長、一つお伺いしてもよろしいでしょうか？ 社長は、この『串の坊あべのハルカス店』の成功とサロマ湖ウルトラマラソンの完走と、どちらを重きに考えていらっしゃいますか？」と。

「アホやなぁー、サロマ湖ウルトラマラソンの完走に決まってるやん」と答えれば、星宮はニヤッと笑って「ですよね、『串の坊あべのハルカス店』は我々が頑張って盛り立てればいいんですよね」と決意新たに一生懸命頑張ってくれました。

第28回
サロマ湖100kmウルトラマラソン
2013年6月30日(日)開催
asics
2040
2179

串の坊新聞

2013年
号外

サロマ湖100km ウルトラマラソン

前日に北海道入りした私は、9時には就寝、翌午前1時に起床して2時過ぎに車で約2時間かけてスタート地点に向かいました。

スタートは5時ですが、辺りはすでに夜が明けていて爽やかな朝です。

そして、スタート。2km地点で、いきなり収容車が出番を待機しています。

最初に説明するとこのレースはウルトラマラソンでも時間的に過酷なレースで、30kmを過ぎたら10km毎に制限時間の関門が在ります。

何か嫌な予感はこの頃から有りました。

とにかく80km迄の制限時間がとても厳しいので、最初から行けるところまで早く行こうと思い、前半戦は10km1時間位のペースで走

り、すこぶる快調な滑り出しでした。

40km辺り迄は給水所でも、サッとドリンクを走りながらゲット出来ましたが、その後は前半戦の頑張りで時間的に余裕もあったのと、疲れが出始めたので、50km過ぎた辺りからは2.5km毎に在る給水所でしっかりと給水して、頭を水で浴び冷やし、ストレッチしてから行くパターンになりました。

この後、水浴びは給水所毎のささやかな楽しみとなりました。

フルマラソンではいつも42.195km地点でもう一歩も歩けない状況なのに、さすがにこの日は難なくこの地点を颯爽と通過しました。

55km地点でスタート時に予め預けていた荷物をピックアップします。

先ず、サポーターの付いたアンダーシャツを脱ぎ、日焼けしないようにアームカバーを装着、サングラスをして首の後ろも日焼けしないようになっている帽子をかぶり、リフレッシュして後半戦に突入です。

ここでの所要時間10分。

そのようなロスタイムによって、前半戦で作った時間の貯金がスッカリ無くなり、70kmを過ぎた辺りからは、ゴールを目指すというよりも収容車から逃げると云う感覚の緊張感のあるレースになります。

難関の80km関門を閉鎖の僅か3分前に何とか通過。

ここからこのマラソン大会

で最も美しい、ワッカ原生林に入ります。

　完走のイメージは常にあったのですが、いつ足が故障してもおかしくない状況だったので、この辺りから、ここでリタイアしても応援してくれている皆さんは同情してくれるかな？何て思い始めます。

　90km関門を閉鎖ギリギリの2分前に何とか通過。

　この辺りでは進めれば進めるだけどんどんリタイアになった時の罪が軽くなっ

て行くと言うか、同情して貰えるかなって云う思いと、ゴールまでの時間の計算などと、長いマラソンの割には考えることが多くて忙しかったのです。

　最後の3kmは、30分も時間があったのでもう完走出来そうと思いながら走っていました。ついに残り1kmで13分残っていて、さすがにもう大丈夫かと思いましたが足が思うように進まず、この100kmは一回も歩くことは無かったのですが、最後には私は走っているのに、歩いている人にまで追い抜かれる惨状でした。

　そしてゴールが見え最後の力を振り絞って、タイムアウトの残り僅か32秒、12

時間59分28秒で見事ゴール、計測機の最後の一歩を踏みしめた途端動けなくなりその場でぶっ倒れるハプニングあり、満身創痍の100kmの旅でした。

私は、閉門ギリギリの時間で最後から二番目のゴールでしたが、この大会の完走率は何と68.9%（3500人参加、完走者2411人）で、僕の後ろには残念なことにリタイアされた人が1089人もいらっしゃるのですよ。

去年の5月11日に出場を決意し1年間トレーニングに励みました。

毎日走り込み、34度の炎天下でのメドックマラソン、土砂降りの中での富士五湖72kmマラソン、風速20mでの荒川土手35km走自主トレ、エネルギー欠如時の為のトレーニングでは断食2日目での20km走等、練習は辛かったですが、本番が一番きつかった。

10年前迄は、1km走るのもヒーヒー云っていた私ですが、成せば成るものだなと我が事ながら感心してみたり。

せっかくだから、今暫くはこの余韻に耽って居ようかなと…。

ゴール直後、動けず

森田恭通 × 乾晴彦の化学反応

『六本木浜藤』30周年
第二回目全面改装

六本木浜藤　森田恭通×乾晴彦の化学反応

２０１４年秋に創業30周年を迎えた『六本木浜藤』を、20周年に全面改装してからまだ10年、しかも年間の半分しか営業いないので実質５年分しか稼働していないにもかかわらず、30年という長い年月に渡って営業を続けてこれたという証と、初心に戻ってふぐ料理にますます向き合ってさらに磨きをかけるという決意表明的な意味合いで、全面改装することにしました。

デザイナーは改装する１年前から、大地真央さんと『六本木浜藤』で出会って結婚するに至った森田恭通氏に依頼しました。

改装する直前のシーズンには森田氏が食事にご来店いただく都度、レイアウトやヒレ酒を注ぎ酒をする時のショーアップの照明設備等の細やかな打ち合わせをして、とても素敵なふぐ料理屋に装いも新たになり、個室のオブジェにはてっさがモチーフされ、半個室の覗き穴には小さなフグ提灯。

店内全体を瀬戸物のオブジェが散りばめられていますが、その瀬戸物はフグの骨粉を混ぜて造った瀬戸物といった具合に、各所に楽しいこだわりを散りばめた贅沢な空間になりました。

白トリュフとふぐも円熟味を増し、改装後はシーズン始まると、いきなり新メニューの白トリュフとふぐと松茸がスタートし、年内は白トリュフ、年が明けると直ぐに黒トリュフとふぐの料理が始まる様になっていきました。

もちろん、ポン酢で召し上がる、ふぐ料理も充実して楽しいふぐ料理のプレゼンテーションは増える一方です。

巨星 逝く

当時、病床の父は、怒涛の大阪うめだ阪急とあべのハルカスでの出店も無事終え、『六本木浜藤』の30周年記念大改装も無事に終わりましたが、『六本木浜藤』の3度目の晴れ姿は見る事叶わず、年が明け、父の乾寛治は静かに息を引き取りました。

串の坊新聞

2015年
号外

乾寛治会長を偲んで

とにかく、酒の強い人で、放っておけばいつまでも飲んでる印象があり、また、真面目でよく働く人でしたが、せっかちで、すぐに癇癪を出して、よく怒る人でもありました。

例えば、とある待ち合わせの時に、彼はせっかちで30分前には集合場所に来ていて、5分前にはまだ待ち合わせ時間になっていないのに、遅い!!って怒って帰る様な。

私も、幼少の頃からよく怒られていたので、怒られたくなくて、どのポイントで急に怒り出すのか冷静に見極めて日々を過ごしていましたが、結局最後まで解りませんでした。

昭和11年12月9日、乾梅三郎ときみの六人兄弟の五男で末っ子として大阪市で

出生致しました。

　幼い頃に母を亡くし、更に男兄弟は五人でしたが父が物心ついた時には兄四人共に病で先立たれ、末っ子でありながら長男として乾家を支えました。

　戦時中に疎開していた徳島県鳴門市から大阪に戻り、当時では珍しかった料理店向けの業務用促成野菜業で十余年の修行の後、大阪坂町にて二十八歳で独立し業務用促成野菜・乾商店を立ち上げました。


　当初、修行していたお店も同業で同地区だったので、新規のお客様がほぼ皆無の状態でしたが、一番最初のお客さまが法善寺の串の坊でした。

　と云うのも、創業当時、串の坊銀座店の開業で東京に居た、生涯兄の様に慕っていた廣瀬一夫氏の母上である法善寺串の坊の廣瀬あいさんに、息子の様に可愛がって貰っていて、独立の際「寛っちゃんやったら商売が上手く行く迄、野菜を他所(よそ)の倍の値で買うたげる」と云われ、創業当時の先が見えない時に、その言葉は彼にとってどれ程心強かった事でしょう。

　まだ、串の坊が法善寺の六坪程の店で、今の銀座店が開店したばかりの頃の話です。

　そして夢のようないい時代の到来です。成長期の波で乾商店も起動に乗り、1970年大阪万博博覧会の納入業者に選ばれた頃には、促成野菜業として大ブレイクし、大阪の料理人で乾寛治の名を知らない人はいない程になります。

その頃、串の坊が経営拡大路線を始めて廣瀬一夫氏も東京から大阪に戻り、二人三脚で串の坊の経営にも副社長として携わる様になり、やがて社長に就任します。

乾寛治は、とにかくよく働く人で、色んな人に可愛がられて、乾商店には連日飲食店の経営者や職人さんでごった返してました。

あの、藤山寛美さんにも可愛がられていました。

私が、息子の目から見ても凄いなと思っているのは、今時知らない従業員が多くなりましたが、大阪の飲食店の経営者の中でも天才肌で特に気難しい、二人共今は亡き人になりましたが、串の坊の廣瀬一夫氏と、関西料理人のスーパースター黒門浜藤の和泉候軌氏との孤高な二人の間を、絶妙なバランスで双方共に上手く付き合っていたということです。

これは、ホンマに凄い事なんです。

現在に至る迄の過程の中で、その後も前出の一時代を築いた三人の中で語り尽くせない色んな出来事がありましたが、現在、八丁味處串の坊、六本木浜藤が慄然と存在しているのも、こうした乾寛治の功績抜きでは語れません。

私がもし乾寛治の息子で無かったら六本木浜藤は存在していなかったし、東京の串の坊も存続していなかったかも知れません。

廣瀬一夫氏が1996年7月1日にお亡くなりになられた時の父の淋しさとこれから串の坊を支えていかないといけないと云う緊張感のある表情は今でも鮮明に覚えています。

私と父は、親子で在りながら仕事上の考え方の違いなどで、此処に至るまで幾多の確執があった時期が長く続いた事も、ほんのつい最近までありましたが、私を産んでくれて、さらに育ててくれて、心から感謝しています。

2014年11月22日、お見舞いに出向いた時、息子が、「何か僕たちに最期の言葉を下さい」と云う、重病人患者にはかなりめんど臭いリクエストにお応えして、乾寛治がムリクリ絞り出した最後の言葉です。

「末々は 海となるべき山水も しばし木の葉の下 くぐるなり」

大成する人も最初は地道な努力を怠らずに研鑽を積むと云う様な意味合いです。

その後も何度かお見舞いに行く中でどんどん衰弱しつつも、大阪（なにわ）の商人（あきんど）が師走の誰もが忙しい時に死ぬわけにはいかないと、一生懸命死なないように頑張っていました。

私が行く度に、「こんな時期（とき）にすまん。頑張るけど12月に死んだらゴメン」と言ってました。

年が明け、松の内も明けて、世間もようやく落ち着いた時に、静かに息を引き取りました。

最後まで、立派な大阪（なにわ）の商人（あきんど）でした。

亡 乾寛治
２０１５年１月18日没
享年七十九歳
合掌

歩み寄れば良かった

あの頃の私は剃刀の様にキレキレで、全てのバランスを慮るが故にいつもイライラしていた様な気がします。

父は私と従業員の間に入りクッションの役割を果たそうとしてくれていましたが、私は従業員の気持ちを汲み取るより、事業でその時々にやるべき事のみ遂行することが全てだと思っていたので、二人の間でのギャップを埋める事は最後まで出来ませんでした。

子を持てば解る親心と言われますが、私の場合は、息子が大きくなるまで解らなかった。

もう少し歩み寄れば良かったと思いつつ、昔から今も会社の事、精一杯頑張っているからそれで勘弁して下さい。

改めて合掌。

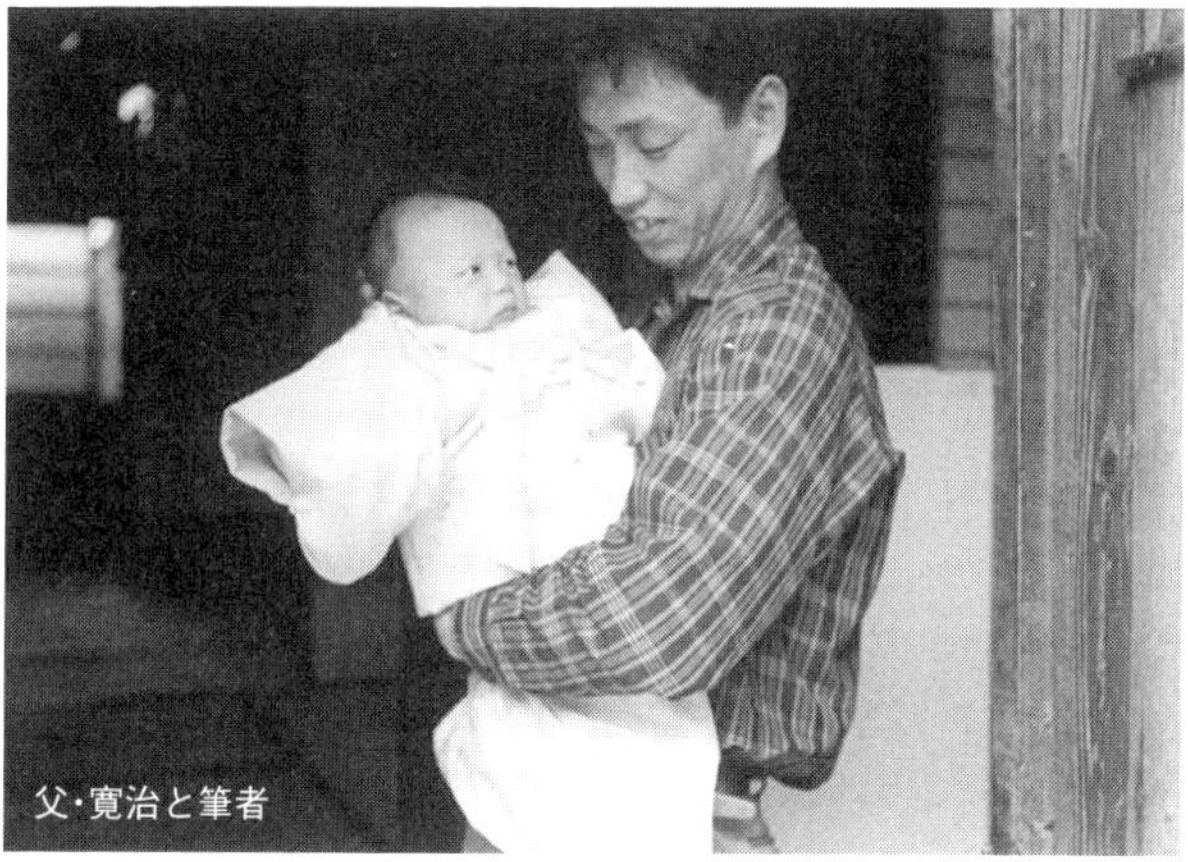

父・寛治と筆者

串の坊新聞

2015年
冬号

独立の難易度と醍醐味

一国一城の主になりたい、自分の店を持ちたい…etc．飲食店に身を置く者であれば、殆どの人が少なからず一度は夢見るところではあります。

それでは、どうすれば独立店舗を構えることが出来るか検証してみましょう。

先ず、お金が必要です。幾ら位必要かは、その店舗の規模や立地により異なります。

出店を極力安く抑えるには、居抜きの物件を購入するのが手っ取り早い作戦です。

これは、タイミングや運が良ければいい物件に巡り合う事もあります。

居抜きと云っても、前に営業していた人が、どんなレストランをされていたかに依ってリメイクにかかる金額が大きく異なります。

最近、居抜きで部分改装して2015年3月開店した井口正美氏の「みんなの串揚げBo」は11坪で700万円でした。

最近私が見て来た中で一番ラッキーだと感じたのは、かくれん坊の清家剛氏が明大前から梅丘に移転を決断した事により、昨年7月それまで営業していた明大前の店舗を購入した、佐藤由香さんとキンマウンティン氏夫妻でしょう。

11坪の店舗で、厨房器具や内装費用込みで約600万円です。

それまでにお店に着いていた常連客もいらっしゃる訳ですから、かなりの追い風だったと思います。

また、スケルトンから自分自身でイメージ通りに店を創る場合があります。

独立時には誰もが望むパターンですが、かなりのリスクが伴います。

というのも、内装費用が嵩むのは勿論の事、以外と高くてビックリする防水区画の工事費用、厨房器具やその他の備品を全て最初から購入する事になるので、かなりの資金が必要です。

かくれん坊の清家剛氏は昨年9月、明大前から梅丘に移転をし、32坪の店舗に4,000万円の投資をしてとても素敵な店になり、最近ようやく採算分岐点に辿り着いたみたいで、頑張ってます。

因みに、施設に入ると設

かくれん坊　梅丘本店

備費用がとても高価で、最近オープンした串の坊阪急うめだ店5,293万円と串の坊あべのハルカス店6,560万円は共に20坪、井之口氏が今年7月に開店させた串の坊上本町ユフラ店(FC)に至っては21坪で7,000万円もの初期投資費用が掛かっています。

さて、ここで大きな問題は、その初期投資費用を手持ち資金で賄うか、借入をするかです。

従来の成長期の日本の飲食店の開業資金は、銀行等の金融機関から借入をするのが常識みたいなところがあり、串の坊も先代や先々代は共に借入をして事業拡大を測って来ましたし、むしろ借金は信用の度合いを示し、男の甲斐性である、なんて事も思っていた様な感ですらありました。

ただ、借りたお金は返さないといけなくて、返済金は経費では無く、税金を支払った後の資金なので、働けど働けど我が暮らし楽にならず、私は借入をしてまで出店するという事に違和感を覚え、1997年9月のアトレ恵比寿店を出店後は串の坊の借金体質から自己資金での範囲で廻して行く体質に向かって舵を切りました。

それは、極力新規の借入はしないと言う事です。

とは言うもののその道は険しくて、2000年8月の伊勢丹会館8階の6階からの移転には50坪1億2,300万円を投入し1億円を借入、2003年4月の六本木ヒルズの開店資金には32坪1億7００万円の投資に対して8,000万円を借入して開店させました。

志してから18年の月日が経った今でも、完全には無借金経営になっていませんが、私の経営者人生の目標は、株式会社串の坊を無借金経営に導く事です。

初めて新規出店を借金無しで開店できたのは、2010年秋の羽田国際空港ターミナル店20坪4,610万円でした。

ただ、あの時は出店費用を手許資金で賄ったので、その直後に賞与を支給して現金がスッカラカンになり以後の借金無しで新店を開店させたメリットで、資金が潤沢に廻る事を期待していた矢先に、例の東日本大震災が発生したので、かなり焦りました。先の見えない中で震災後二、三ヶ月はとてつもなく緊張感のある資金繰りでした。

余談が長くなりましたが、借りたお金を返すのは、物理的に中々大変な事ですので、極力借入は少なく、出来れば無借金での出店がお薦めです。

とは言え借入金をする際には、その店にどれだけの費用がかかるから幾らお金を借りるのでは無く、先ずはその物件では、幾ら位売れるのかを見極め、その範囲で返済可能な借入をする事が重要です。

次に、雇用の問題です。

私の店作りをする中での根本的な考え方は、食文化への挑戦と雇用の創出です。

雇用をすると言う事は、雇用される人達にとって、いかに魅力的な職場を提供出来るかに尽きます。

大袈裟に云えば、雇う人達が人生を託す価値のある職場造りをしなくてはなりません。

株式会社串の坊が達成出来ているかどうかの判断はそれぞれに委ねるとして、少なくとも私はそれを目指しています。

最後に、お客様に対して魅力的なレストランでないと集客も売り上げも達成出来ません。

お客様にとっていかに、魅力的なレストランにしていくかは、難しいですがやり甲斐のあるテーマで、神経が磨り減るほど考え悩むのが独立すると云う事の醍醐味です。

私は、社員が独立する事に対しては、否定も肯定もしていません。

ただ、独立しない人には、株式会社串の坊がより素敵な職場となるように努力するし、独立を希望する人には、資金面以外でのサポートや助言は惜しみなくさせて戴きます。

この議論には様々な形、やり方、他にも色々ありますが、興味のある人は時間合えばいつでも、本部事務所にて私と議論しましょう。

串の坊 Special night's

現存する最古の『串の坊 銀座店』

六本木ヒルズ店も無事に立ち上がり、２００５年７月には、18坪の赤坂東急プラザ店を４,５１０万円で、２００７年４月には、１９６０年開業で東京１号店である12坪の銀座店を３,１９５万円で、両店共に自己資金で全面改装に踏み切りました。

大阪法善寺にて創業の『串の坊』一号店は、立ち退きになっていましたので、銀座店は現存する『串の坊』では最古の店舗で12坪の小さな店ですが、かなり力が入りました。

午前３時迄の営業に変更し、店長を当時27歳の若手でしたが太田敬司に任命して新生銀座店の船出です。

太田店長は、深夜営業の店で朝方まで仕事していましたので朝方は眠いのに、店の電話を自分の電話に転送して朝からお客様の予約を受け付けたり、近所をくまなく回って知り合いを増やしアルバイトを斡旋してもらったり、これまでの本部からの指令待ちの店長達とは違い率先して行動出来る姿は将来的に『串の坊』の経営者として期待が出来る程で、銀座店の売上げのレコードを記録する程頑張りました。

そして、銀座店の上げ潮に乗って、近所のコリドー街に25坪の路面店での出店の話が舞い込んで来たので、この勢いでと考え出店を決意しました。

しかし残念なことに、ある日太田店長は白血病を発症し長い闘病生活を余儀無くされました。

働けることの尊さを 皆んなに伝えたい

2012年の春、太田店長は事務所に来て、「社長、ようやくドナーが見つかりましたので、来月辺りからやっと現場に復帰出来ます。

私が現場に復帰したら、今働いている従業員に『串の坊』で毎日無事に働けるということが如何に幸せなことかを、みんなに伝えていきたいと思っています」と嬉しい言葉を私に伝えてその場は別れましたが、悲しいことに適合せず、それが彼との最後の会話になりました。

超高級串カツ 串の坊スペシャルナイツ

銀座店のことを必死で頑張ろうした、太田敬二君を成仏させるために、私に何が出来るか必死で考えました。

そして、その6月中頃3日間、「串の坊社長が揚げる串カツ」という基本的なコンセプトで串カツに高級食材を使い、さらに高級なお酒も用意して、かなり単価の高い串カツになりますが、私の想いを理解してくれるお客様だけをお招きし、彼が1カ月頑張って打ち立てた記録を3日間で抜き去ることで、私の彼に対する供養としました。

意外にこの無謀とも言える企画が好評で、アンコールの声が多数出たので、翌年も3日間開催してすぐに満席になり、年々と徐々に日数も増え、現在では平均客単価も35,000円を超える超高級串カツにもかかわらず約500名様ものお客様を動員。

2週間完全2回転制で席を用意しても、すぐに満席になる程の超人気イベントに成長しました。

寿司の坊『銀座寿司幸』の杉山衛さんに感謝

今では、この企画で培ったノウハウを各店舗のスペシャルな串カツに反映もして、お客様にとても喜んでいただいています。

「串の坊Ｓｐｅｃｉａｌ」では、キャビアや鮑、フカヒレなどの高級食材をアレンジ。

また串カツでお寿司を表現したり、いろんなレストランの料理をパロディー的に串カツで表現をしたりします。

ご飯代わりに「寿司の坊」という串カツがあります。

お寿司のシャリは揚げますが、『串の坊銀座店』から程近い『銀座寿司幸本店』の杉山衛氏に用意していただき、串カツをお寿司に見立てたお料理。

『鮨からく』の戸川基成氏のスペシャリティ「アボガドと毛蟹のミルフィーユ」や「鯛の胡麻和合」なども串カツにアレンジしました。

他にも『小松弥助』、『小倉天寿司』、『目黒鳥しき』をオマージュし、それらを連想させる串カツなどもラインナップしています。

串カツで具現化 二億四千万の瞳

「串の坊Ｓｐｅｃｉａｌ」では、一通り召し上がって、お腹に余裕のある人はアンコールの中から注文することが出来ます。

随分前からこのイベントに賛同していただき、ご来店いただだいている郷ひろみ氏に私は料理で喜んでいただきたいという一心で、ある年にアンコールの欄に「二億四千万の瞳」と書き込みました。

軽い気持ちでとりあえず書いたので、注文されたら串カツの写真を貼り付けたｉＰｈｏｎｅからＹｏｕＴｕｂｅで郷氏の唄「二億四千万の瞳」を流していたら、お客様からダメ出しのブーイング。直ぐにメニューから外しました。

それをどうにか具現化できないものかと思案していて、２０１８年いつものようにジョギングしていたら世田谷公園で突然アイデアが湧いて来ました。

それは、うずら卵を半熟にして揚げ、その上にキャビアをふんだんにのせて「二億四千万の瞳」と銘打ったら大好評。

それを２０１９年の春にフジテレビの「ノンストップ」で、郷氏に直々にこの2年かけて完成した料理を紹介していただき「串の坊Ｓｐｅｃｉａｌ」で最も脚光を浴びる一品になりました。

ジョギング中 天から降ってくるアイデア

ジョギングをしながら湧いてくる串ネタは他にも結構あります。

毎回、親友の西陽一郎氏が焼酎「宝山」を蒸留した残りカスの芋を食べて育った黒豚がとても美味しいので料理していますが、ある日公園をジョクっているとふと「ロールキャベツ」というキーワードが天から降ってきて、そうだ宝山豚を使ってロールキャベツを串カツにしようと発想しました。

『小松弥助』が一番好き

「貴方は何処の寿司屋が一番好き?」と聞かれた時には、もちろん、『銀座寿司幸本店』、『鮨からく』も大好きに違いありませんが、何年も前から『小松弥助』と答えていました。

2018年は長年通い詰めた『小松弥助』を私なりに表現させていただきました。

いつも最初に口に運ぶと背筋がピンと伸びる鮪漬けと海鼠腸は、『小松弥助』の大将の森田一夫氏がこのイベントのために特別に金沢で用意してくれたり、ねぎトロや鰻キュウ巻き等も串カツで表現しました。

奥田民生のコンサートの最中で

２０１８年5月、友人である奥田民生氏の川崎で開催されたコンサートに招かれた時のライブの途中にふと頭の中で「何年か前に民生さん、陽水さんとＺｅｐｐ東京でライブしたなぁ。

そういえば陽水さんはこの前テレビでクラムチャウダーが好きって言ってはった、そうだ！クラムチャウダーを串カツにアレンジしよう」という訳で、蛤のスープでクラムチャウダーを作り、蛤の串揚げを添えて出し、クラムチャウダーに地蛤の串揚げをスープの中に落とし込んで、一緒に食べるという料理が完成しました。

『目黒鳥しき』の焼き鳥を 揚げちゃいました

２０１９年3月に開催された嘉門タツオ氏の還暦&芸能生活４０周年記念パーティーで串カツを揚げました。この会は３００人を超える大規模なパーティーでしたが、嘉門氏が御贔屓にされている目黒の『鳥しき』にも依頼されました。

そんなに大人数の焼き鳥を焼くのは至難の業なので、「鳥しき&串の坊」コラボレーションで、『鳥しき』の鳥を『串の坊』が揚げちゃいましょうということになり、私と『鳥しき』の御主人・池川義輝氏とは、打ち合わせを重ね考えに考え抜いて「鳥しきの坊」という、鳥の色んな部位を1本の串に刺し揚げて、岩塩で召し上がれば塩焼き風、タレで召し上がれば照焼き風といった一品を完成させました。

これが評判上々でなかなかの出来映え、「串の坊Special」でも、嘉門氏のパーティーに参加された数人からのリクエストにもお応えする形でオンメニューしました。

「串の坊Special」を始めてからは、何か美味しいもの食べたり、珍しい食材に出会ったりすると、これを串カツに表現出来ないかな?と虎視眈々と考えながら、日々生活しているのです。

このような経緯で、『串の坊』の全く新しい串カツの概念を産み出すきっかけを作ってくれた太田敬司君に、感謝と哀悼の意を込めて合掌。

串の坊新聞

2016年
夏号

生まれかわるなら生きてるうちに

２０１２年４月30日に白血病で亡くなった、元銀座店店長の太田敬二君を偲んで始めた「串の坊 Special night's」、このイベントも今年で５年目を迎えました。

普段、串の坊では扱わない程の高級食材をふんだんに組み込んだコース（串カツ16種）で、高級ワインや高級日本酒をリストして、年に一度私自身が揚げると云うシンプルなコンセプトです。

一般のお客様には非公開イベントで、私の知り合いや濃い常連さまだけに告知して、こっそり開催しています。

会場の銀座店は、現存する串の坊の中で最も古く創業１９６０年、12坪で18席の小さな店舗ではあります

が、当初は3日間（93名、売上高3,557,050円）だけの開催でした。

　その後毎年続けてみると、お客さまがお客さまを連れて来られる様になり、去年

まで2年間は7日間開催し、今年は更に日数を増やして5月23日～6月4日迄の12日間（327名、売上高9,825,560円）と徐々に規模を拡大しつつあります。

　来年も、今年同様に12日間開催の予定をしていますが、この太田君の追悼から始めた会が、やがて全店舗にこのアイデンティティが波及したり、いつかこのコンセプトの高級串カツ店舗の出店が実現したりすれば素敵だな等と、夢は膨らみますね。

　ただ現実的には、せっかくのスーパーイベントのアイデンティティが、既存店のメニューに全く反映されていないのが残念です。

　物凄いスピードで変化している現代の中で、現状に胡座をかいている場合ではないのです。

　我々は前向きな集団でありたい、今を打破して何かを始めよう、太田くんも笑ってますよ、そう、生まれかわるなら生きているうちに。

想いは中々伝わらない

串の坊Ｓｐｅｃｉａｌも、５年が経過して人気も上昇気流で予約も取り辛いイベントになってきました。

他の串揚げ店の関係者や料理人達は興味津々で、ご来店されると私に色んな質問などをされる中で、串の坊の既存店は相変わらず旧態依然としていて、私自身はスタッフ達と、こんなにも身近なのに、この料理をどうしたら店舗で活用できるかとか、応用したいとか、一切の議論が沸き起きません。

業を煮やした私は、半年に一度賞与時の明細の中に入れると云う形で発行している「串の坊新聞」にこのような投稿をしました。

それでも中々具現化しないので、私が主導して串の坊軽井澤店限定メニューにて軽井澤の開店時から、通常のおまかせコースに時折挟み込むスタイルで初めて串カツで高級食材を使ったＳｐｅｃｉａｌメニュー数種類をメニューに組み込みました。

狙い通りお客様の反応が大好評でしたので、早速その秋から全店舗でこのＳｐｅｃｉａ

1メニューを導入しました。

今では、全店舗のお客様に支持されて、今はまだ『六本木ヒルズ串の坊』限定ですが、串カツにキャビアを載せて召し上がられるほどになっています。

私一人だけ精神的に生まれかわるのはそう難しいことでも無い気がしますが、会社ごと全社員を生まれかわらせることは、容易なことでは無いのです。

串の坊軽井澤店

軽井澤店開店秘話

3分で決めた店

2017年松の内の昼下がり、『六本木浜藤』で新年会をしていた時の話です。

参加していた友人の勤める会社が、以前は居酒屋が入っていた軽井沢の物件を購入し、建物の運用を検討しているとのことで、「どなたか、レストランを運営してくれる方いないかな?」聞かれたので「どんな物件で、家賃は?」と質問。

「軽井沢駅から徒歩10分で高級別荘地の入口辺り、土地120坪で店舗は50坪、駐車場は10台分位かな?家賃は、担当部署とご相談で」とふんわりした返答。

『六本木浜藤』も冬場だけの商いなので、夏をどう乗り切るかを考えるのが私の染み付いた人生最大のテーマだったので、「串の坊で前向きに検討します、とりあえず見に行きましょう。」と僅か3分程度の話です。

空心ビルを衝動買いした時は約15分、あべのハルカスの出店を決めた時に要した時間は約3時間と、物事を決めるのはいつも早い方ですが、この軽井沢の物件を決めたスピードは、もはや破れるものではない速さです。

早速次の週に現場に急行。

軽井沢の地理感が全く無い私はその物件の佇まいと駐車場の広さ、駅からの距離、それに繁華街とは一線を画した場所だったので、落ち着いた軽井沢ライフを楽しんでいる人がこっそり来れる様な雰囲気で文句の付けようがありません。

いくらでもいいと言われていた家賃の折り合いさえつけばやりたいと直ぐに感じました。

「で、家賃はおいくら?」

とても好意的な価格提示をしてくれましたが、しかし、ここは商売。

リゾート地の商売が厳しいのは理解しているので、さらにギリギリまで交渉せていただき、契約しました。

ここは元々居酒屋だったので、簡単にリューアルしてやっちゃえと当初考えていましたが、物件のローケーションや佇まいが素敵だったのと、大家さんのとても好意的な契約に敬意を表して気合いを入れました。

年間を通して僅か3ヶ月くらいしか営業出来ない店舗なのに、結果、定期預金を切り崩し、銀行からの借入れはせずに賄い、50坪の店舗で自己資金4,850万円を投じて全面改装しました。

ホントは銀座で勝負する覚悟が出来ていた

簡単に決められた要素は他にもあって、この3年ほど前から「GINZA SIX」から出店依頼があって、私も前向きに検討し、『串の坊』の店舗としては大箱の56坪を予定していました。通常の『串の坊』と満を持して「串の坊Special」の空間の二刀流でプレゼンテーションしました。

デザインも通常店舗は横井源氏、プレミアム店舗は森田恭通氏にそれぞれ依頼することも決まっていました。

しかし割と直前になってデベロッパー側から「今回は『串の坊』さんの出店は見送ることになりました。

「GINZA SIX」のコンセプトが、基本的に銀座には店舗の無い店ということなので、銀座に店舗の無い他の串カツ店を優先することになりました」と伝えられました。

正直びっくりしました、もっと早く言ってよって感じですね。

2年余りの間、かなり気合いを入れていたので、しばらくの間は放心状態でしたが「GINZA SIX」やらなくて良かったって、いつか言えるように頑張ろうと気を取り直して、急遽ではありましたが、軽井沢に店を構えることになりました。

一郎とつく名前の人はたくましい

この軽井澤店は7月上旬に開店する予定でしたが、急遽、親友で富山の「満寿泉」の桝田隆一郎氏のお誕生日である6月24日レセプション。翌日25日開店に予定変更しました。

というのも、桝田氏は「満寿泉」の地元の富山市岩瀬で酒蔵のほど近くに、ガラス工芸作家の安田泰三氏、陶芸家の釋永岳氏、彫刻家の岩﨑努氏達を呼んで創作活動の場を提供しています。そして、イタリアンの「ピアットスズキチンクエ」、和食の「ふじ居」、創作寿司店、クラフトビール店、満寿泉の試飲室を兼ねた迎賓館を創り完成間際でしたが、不慮の火災で全焼してしまいました。

特に和食の「ふじ居」は、店主の藤井寛徳氏が以前『串の坊』の社員寮に住み込み、『串の坊』の店舗でアルバイトしながら、エコールキュリネール国立という辻調理師学校系列の調理師専門学校に通っていたので私個人的にも愛着があり、残念さが膨らみます。

猛々しく燃え上がる館を見ながら、棟梁と「燃えてしまったものは仕方ないから更地にして新しい館を建てよう。どの様な建物にしようか？」などと打ち合わせしていたと言うので、やはり隆一郎氏は大物です。

そういえば「宝山」の西陽一郎氏も、例の国主導の事故米で、農林水産省からの誤報による風評被害の後、挫けるどころかもう原料から自分で作り農業も始めると、蔵の隣の山を切り拓いて精米工場と米の貯蔵庫を造り、芋の畑を切り拓いて原料から栽培するなど、マイナスをより力に変えて前進します。

思い起こせば、横浜随一の料亭「美登里」の若旦那の力石一郎氏。

放火によって店が全焼してしまいましたが、燃えている最中に電話があり、「乾ちゃん、今ね店が火事で燃えてんだよ。それでね、職人遊ばせておく余裕無いから、代替えの店舗を捜しているんだ。横浜関内界隈でいい物件あったら紹介してね」と、これも非常にポジティブなお話。

名前に一郎が付いている人は何てポジティブなんだろうと思いつつ、岩瀬の迎賓館で桝田隆一郎氏の生誕51年を祝う予定が頓挫したので、ここは親友として、軽井澤店の開店前夜祭を桝田隆一郎氏のお誕生日会と合わせてと画策し、工事業者に急がせ、桝田隆一郎氏のお誕生日会と合わせて、悲しい出来事を少しでも癒せればと大宴会を開催しました。

玄人に愛される店創り@軽井澤串の坊

軽井澤店の店構えは、『串の坊』の本丸店舗の設えなので、お客様が定着するまでは少し時間はかかるかも知れないけど、この店は一度ご来店いただければ必ず来ていただけるという確信があります。

それに、玄人好みする落ち着いた店舗にしたかったので、テレビや雑誌などには一切掲載せず、ただ『串の坊』各店舗のお客様への情報と口コミだけで営業しています。

シーズンによってお客様の入りに隔たりのある店舗は『六本木浜藤』で経験済みなので、軽井沢の閑散期は閉店し、繁忙期のゴールデンウィークと7月上旬より9月のシルバーウィーク終わり辺りまでの、実質3か月のみ開店の季節営業店舗にしました。

串の坊自由が丘店

六本木ヒルズと自由が丘のW移転

六本木ヒルズの移転を決断させてくれた 安田泰三の硝子工芸作品

一世を風靡し賑々しくオープンした六本木ヒルズの『串の坊』も15年が経ち、『串の坊』が入居しているフロア全体的を大改装するということになり、『串の坊』も場所を移動しての全面改装を余儀なくされることになりました。

とても愛着のある店舗ですが、『串の坊』にとってはスペース的にも大きな物件で、しかも一旦約7ヶ月間は休業せざるを得ず、移転するか撤退か、とても迷いました。

2017年新年早々に、「満寿泉」の岩瀬アーティスト街に訪問した際に、いつもの様に安田泰三氏の工房に寄り作品を見学していました。

すると、一際美しく、ピンクがかった硝子、まるでシャンパーニュの様な水泡が美しく散りばめられた作品が神々しく展示されていました。

非常に力強い作品だったので、「この作品凄いね」と声を掛けたら、「このクラスの作品はもう2度と出来ないと思います。重量も15kgあるし、体力的にも限界を超えた作品なのです」

その作品を観ていたら、どうしてだかわかりませんが、恐らく揺れていた想いとその感動で涙が止まりません。

「泰三さん、私はこの作品に大きな力を貰いました。ぜひ、この作品を購入させて下さい。そして、今どうしようかと思い悩んでいた『六本木ヒルズ串の坊』の移転での全面改装を受け入れて、新しい『串の坊』には、この作品を飾って、最高の『串の坊』を創ってみせます」と固く決意表明しました。

六本木ヒルズ フロア全面改装期間7ヶ月 休業中の対策

こうして、『六本木ヒルズ串の坊』の第二幕が開くことになりました。

問題は、改装期間中の空白の7ヶ月間、六本木ヒルズ店の従業員の働き先をどうするかです。

取り急ぎは、軽井沢に夏の期間だけ営業する店を開けたので六本木ヒルズ店の長期休業のクッションにはなりますが、それでもまだその穴は大きいので、どうするものかと悶々としていました。

2017年末のある日、弟の昌弘（副社長）が、私のデスクにポロンと自由が丘の物件のチラシを置いていました。

「何これ?」、「あー、自由が丘にたまたま行った不動産屋さんに良さそうな物件のチラシがあったから持ってきた」と昌弘が。

「無い無い、ここんとこ軽井沢、六本木ヒルズの改装でお金すっからかんやで。この上に出店って無理やわ」と、あっさり自由が丘の件は頭から切り離しました。

その日の夕方、いつもの様に世田谷公園をジョギング中に、また空からアイデアが舞い降りてきました。

それというのも、自由が丘の店は1991年11月に開店していて28年目に入りかなり老朽化しているので、いずれにしても近々には改装か移転の問題は出てくるし、今、新しい自由が丘の物件での出店を決断すれば遅くても3月には開店できるから、六本木ヒルズ店の従業員をそのまま新しい自由が丘店に移動すればいいし、古い自由が丘店を9月まで営業すれば、その従業員を六本木ヒルズ店に持って行けるからちょうどいい。

親愛なる兄貴 十八代目中村勘三郎丈

そういえば、生前に可愛がってくれていた中村勘三郎丈が「俺はなぁ、寿司では鮨幸が一番好きなんだよ」と言っていました。

「ですよね、銀座の寿司幸、美味しいですよね」

「違うんだよ、俺の好きな鮨幸は、銀座じゃ無くて自由が丘なんだ。なに、お前さんは行ったこと無いのかい？　今度、連れてってやるよ」と、勘三郎丈は約束してくれました。

しかし、結局、その約束は果たされることの無いままに、愛すべき人は天に召されました。

地図でよく調べたらこの物件、その鮨幸の真ん前の物件でした。

これは勘三郎丈が呼んでくれたに違いないと思い込み、お金は六本木ヒルズ店移転の準備金以外はスッカラカンでしたが、この様にいろんなタイミングが良かったので、新しい自由が丘に出店を決断しました。

新しい自由が丘店は 昔の六本木ヒルズ店のおもかげを残す

なるべく早く着工して開店に漕ぎ着けたいので、準備に取り掛かります。

丁度、六本木ヒルズ店を解体した直後に自由が丘の店舗の工事が始まるので、内装は以前に『六本木ヒルズ串の坊』をデザインした横井源氏に依頼して、六本木ヒルズ店のカウンター、テーブルの板、フライヤーのフード、当時気合い入れて製作したしたワインセラーなどの使える物は自由が丘店に移動して、気に入っていた六本木ヒルズ店の雰囲気をそのまま自由が丘店に移設するというのが、この店のデザインコンセプトになりました。

この物件、再利用が割と多かったので比較的コストが掛からず、20坪で4,300万円でした。

ここは取り急ぎ、六本木ヒルズ店移転の準備金を切り崩して、銀行借入をせずに乗り切りました。

そうして2018年3月10日、新しい自由が丘店はオープンしました。

ArtisticでExoticなkushinobo

あれ
六本木ヒルズ串の坊のデザインプレゼンテーション
富山岩瀬祭

安田泰三氏入魂の作品を購入して六本木ヒルズでの全面改装を決断した私は、東京に戻って直ぐに森田恭通氏に連絡し、「六本木ヒルズで最高の『串の坊』を創りたいのでデザインをお願いします」と依頼しました。

「この物件の全面改装を決意させてくれた安田泰三さんの硝子工芸作品を何処かに飾って下さい」というリクエストも忘れずに。

そうして、森田氏のデザイン事務所「グラマラス」とレイアウトなどの打ち合わせの日々が始まりました。

森田氏のプレゼンテーション当日がやって来ました。

最初にその絵を見た時、あまりの美しさに絶句しました。

しかし、よく見てみると、愕然としました。

例の安田泰三氏の硝子工芸作品はド真ん中に浮き立つ様に配置してくれていますが、カウンタートップの上や、テーブル席の仕切りの上にも無数の安田泰三作品が惜しげも無く散りばめられています。

「森田さん、確かに安田作品をここまで散りばめたら、素晴らしい店が出来ると思いますが、一つ買うだけでも清水の舞台から飛び降りる位の気合いで買ったのに、この絵には安田さんの作品が24作品もありますが、全部購入すると、一体いくら掛かるんでしょう?」

と金銭的な不安から、つい苦言を呈します。

また、入口の大きな暖簾の受ける木を、富山岩瀬の彫刻家岩崎努氏の作品でお願いしたいとの要望もありました。

「森田さん、岩崎さんは今や世界中からオファーが来ている大人気作家、時間が限られている中で、依頼を受けていただけるのは困難かも知れませんが聞くだけ聞いてきますね」

と言いつつ、「グラマラス」のメンバーと岩瀬に打ち合わせに行きました。

安田泰三硝子工芸美術館になる

安田氏の工房に行き、森田氏のプレゼンテーションを見せながら、「財政も緊縮していて費用も掛けられないので、この森田さんのデザインの要望ですが、安田さん安価で簡単に硝子作品を作って飾って貰えませんか？」と言えば、

安田氏「乾さんの魂の籠めた店舗に飾らせていただけて、しかも森田さんのオファーなので私の最高の作品を飾りたいです」と譲りません。

「有り難いけど、嬉しいけれど、費用がね。そうしたら、六本木ヒルズの『串の坊』を安田さんの展覧会場にして、安田さんが自由に作品を陳列するっていうのはいかが？」と、ダメ元で聞いてみたところ、「是非、そうさせて下さい」という経緯で、『六本木ヒルズ串の坊』は串カツレストラン兼、安田泰三美術館になりました。

カリスマ彫刻家 岩崎努までも

岩崎氏の工房に行きました。

「岩崎さん、森田さんの要望で入口のこの大きな暖簾受けの木に岩崎さんの作品でお願いしたいということなのですが、お願い出来ますか？」と聞けば、普段は穏やかな岩崎氏、急に険しくなって、やっぱり無理かなと思っていましたが、

「今、依頼が多くてとても立て込んでいます。納期まで後3ヶ月しかないというのは目的を達成するのには至難の業です。しかし私がアートの道に入ったのは森田さんに憧れて入ったのです。しかも乾さんの店舗で森田さんのオファーなら何が何でも彫りますので、よろしくお願い致します」と、まさかの快諾を得て、あの無茶苦茶豪華なプレゼンテーションの具現化に、かなり近づきました。

店内の巨大カウンターテーブル
全て檜の一枚板
桝田隆一郎からのプレゼント

カウンターには7,300㎜の白木の一枚板。

そのほかのテーブル全ても一枚板のデザインでした。「満寿泉」の蔵元桝田隆一郎氏は

岩瀬の街づくりをしていて、業界では有名な木のコレクターでもありましたので、「六本木ヒルズの店に使うカウンターやテーブルの木を隆ちゃんコレクションから分けて貰えませんか？」と。

隆一郎コレクションは、静岡県の材木業桐山氏の所にあるので見に行き、檜を使うことに決まりました。

「隆ちゃん、木材の支払いは、うちから直接振り込むね」

すると桝田氏「何言ってるんですか、木くらい全部差し上げますよ」と。大きな借りが出来てしまいましたが、有り難く頂戴することになりました。

稀代のアクリルアート 造形作家 山本剛

テーブル席後ろのアクリルアートを、丸い直径３００㎜程の空間に松葉串を１０８本使い作品にして「煩悩を封じ込めました」と素敵な作品を創作してくれました。

漆芸家 東端唯

店内のフライヤーの煙突やカウンタートップ、暖簾の先の入口の壁などを美しく白に金箔の漆を作成していただき、豪華で煌びやかな店内を演出してくれています。

グラフィック 高津央

六本木ヒルズ店開店時のミッションであったオンリーワンプロジェクトに沿って、従来の店舗と違うロゴデザインを創りました。

『串の坊』は英語にし、マークは串の文字で太陽を形どり、世界に向けて『串の坊』の夜明けと表現しました。

高津央氏は、グラフィックデザイナーで活躍する傍ら、ジュエリーアーティストとしても活動中で、彼のデザインしたティアラはＳｗａｒｏｖｓｋｉ-ｇｅｍｓｔｏｎｅｓ、世界カタログの表紙に日本人で初めて採用されました。

ちなみにこの高津氏、中学3年生の時の私のクラスメートです。

フォトグラファー　森田恭通

シークレットルーム的にした個室には、カメラマン森田恭通の写真作品が3点、「米粉」「パン粉」「油」の写真ですが、白黒の作品で、砂漠や宇宙、雪景色に感じられ、また串カツの原料であるので、とても不思議な空間になりました。

六本木ヒルズ移転
全店舗の日々の売上げをかき集めて支払い
借入しないで無事オープン

『六本木ヒルズ串の坊』は様々なアートが集結した素敵な空間になり、このデザインを森田氏に依頼して、名だたるアーティストが揃って本気で店造りに加わってくれたり、私自身も感動的な喜びを得ることが出来て、改めてデザインを森田氏に依頼して良かったと心から感じました。

『六本木ヒルズ串の坊』は、37坪あり旧物件の解体費用1,350万円、新店舗の改装費

7,850万円の合計9,200万円。

定期預金すべて解約し、支払日には各店の現金をかき集めて、ギリギリでしたが何とか、銀行借り入れせずに支払い完了し、1997年より目指していた無借金経営まであと少しのところまで来ました。

とはいえ、あれから21年もの年月が経ちようやく此処まで来たものですが、なかなか時間が掛かるものですね。

そして、この美しい店に負けないようにますます串カツ料理に磨きをかけて頑張らねばと、決意を新たにしました。

串の坊新聞

2018年
冬号

AIの時代、未来の飲食店経営を読む

　車の自動運転の進化により、バスやトラック、宅配便、タクシーなどの交通機関で無人化が進む様子で、銀行振込みも、支払い日にもなるとほんの少し前迄は銀行窓口で随分と待たされていたものでしたが、もはや携帯スマホでも簡単に振り込めます。

　スーパーのレジでは、そこを通れば自動的に清算出来るシステムが完成するとレジのパートは居なくなり、無人コンビニが当たり前の時代になるとコンビニの店員も居なくなります。

　更に、洋服、本、音楽、家具、身の回りの殆どの

無人コンビニエンスストア

買い物は、デパートやブティックに買いに行っていましたが、これも携帯スマ

ホでも簡単に購入出来る時代になって来ました。

要するに、上記に販売を職業として携わっていた人は近い将来、その仕事をAIに取って代わられようとしています。

そして我々の社会はAIや汎用型ロボットの普及によって近い将来、現在の仕事が10年以内には48%消滅すると言われています。

ただ大失業時代に於ける国民の暴動を防ぐ為に、ベーシックインカムと云う制度により、人として最小限の生活の為のお金は、国から国民全員に支給される事にはなりそうです。

日本は、いや世界的に仕事を求める人で溢れます。

しかしそんな時代にあっても私たちの会社は、伝統的な串カツ、また革新的なフグ料理店を生業としており、提供している料理はやサービスは、人と人とのコミュニケーションに依るものであり、即ちAIに出来るものではなく、それぞれが

自らの技術を鍛錬して磨けば、未来永劫失職することは無い職業です。

　私はこの先飲食店の形態も、二つの道に別れると予想しています。

　一つは、ファーストフードなどの、ただ空腹を満たすレストラン、立ち食い蕎麦、ハンバーガーショップ、回転寿司などは更にAIによる自動化が進み、店舗において人が携わる事が大幅に縮小されるでしょう。

　現在、串の坊グループが六本木ヒルズを始めとして、内装をアーティスティックにしたり、以前から新たにスペシャルな串カツをお客さまに提供したりして、徹底して人が携わらないと成立なし得ない、即ち高級路線に舵を切っているのには理由があります。

　今後の飲食シーンでは中途半端は命取り、そして二極化して行く飲食業界の路線で、ファーストフード等とは異なるもう一つの道である、人が徹底的に携わる方向で生き残る為です。

　今のうちにこの傾向に対応できうる土台作りをきちんとして、串の坊グループが未来の経営デザインを確立し、世の中に確固たるポジションを築いておきたいと考えています。

　そして、世の中全体的に無人化が進んでいく中、私達はいつまでも人と人との関わりで仕事が出来るグループを目指していきます。

Scrap and build

見切り千両

飲食店を経営して感じ続けてきたことは、我々は店舗というハードを売る仕事ではなくて、私を含めたスタッフの技術、すなわちソフトを売る仕事と考えています。

『串の坊』を継いだ1990年から現在に至る29年間で、私は新規事業を直営店14、FC店6、合計20店舗、新しい施設を3箇所創り、直営店8店舗を全面改装しました。

また、直営店7、FC店11、合計18店舗を退店し、6店舗のFC店との契約を解消しました。

基本的にFC事業には興味が薄く、指揮命令系統がシンプルな直営店主義なので、『串の坊』を継いでからは、従業員の独立以外で契約した新規のFC店舗はほとんどありません。

また、自らが立ち上げ、そして退店した店舗は、直営店4、FC店4、合計8店舗あります。

ただ、元が取れなかったのは、東日本大震災後の特別な事情により撤退した銀座コリドー街の店だけです。

今から思えば、銀座コリドー街は今や昔の賑わいを取り戻しているので、少し退店を早まったかなと思ったりもしますが、基本的にはこの様に利益の出づらい店舗に対しては、極めて淡白に撤退を決めます。

例の入院後には、毎年の様に店舗を撤退した時期がありました。

するとスタッフは各店に移動するので、より濃厚なサービスが出来るし、そこのお客様も既存する店舗に移動して御来店いただけたりします。

何より、私は昔から一切リース契約はしないので保証金は全額戻って来て、期末の帳簿価格は100％経費で落とせるので一挙両得。

不思議なことに撤退によって減収しますが増益になったりします。

店舗の撤退を頻繁にしていた数年は、このロジックで随分と経営が安定したものでした。

ただ、この体験は出店を繰り返した後の怪我の功名なので、私は稀有な体験をしたことになります。

『串の坊』の未来を意識して

息子がある日、「お父さん、渋谷の再開発事業には出店しないの？」と言いました。

「今のところは、予定が無いなあァ？」

私はアトレ恵比寿、六本木ヒルズは自分から仕掛けていきましたが、基本的には誘われたら出店か否かを熟考して判断するのが基本的なスタイルだったからです。

すると息子が「そう、でも渋谷の再開発は絶対にやっておいた方がいいよ」と、強く言うので「頑張ってみる」と、取り敢えず前向きになりました。

しかし、どうすれば出店できるのか見当も付きません。

いろいろ知り合いにあたってみましたが、中々簡単には窓口が見当たりません。

小さな子に難しいこと言ってもね

この息子、小学校に入ったばかりの時に、珍しく『六本木浜藤』にて2人で食事した際、「よし、お父さんが日本一の雑炊を作ってあげるからね」と言えば、

「お父さんが作ったら確かに美味しいかも知れないけど、他の従業員の人がいつもどんな雑炊を作っているかをこの場でチェックした方がいいんじゃ無いの？」と。

うーん流石に商売人の息子だけに、オチビの割に鋭いことを言うなと感心しましたが、「お父さんの方が美味しいから作ってあげる」と、呆れる息子を尻目にサッサと雑炊を作って食べました。

こっちとしては、自分自身で作る雑炊も、お客様はとても美味しいとは言ってくれるけど、たまには確認しておかないといけないミッションもあったのですが、それをわざわざ言うのも照れるし、表現というのは難しいものですね。

持つべきものは顔の広い友達

香港の方萬隆氏の紹介で出会った、例の全身白のスーツで現れた「ｓａｌｔ ｃｏｎｓｏｒｔｉｕｍ」の代表・井上盛夫氏とたまたま勝浦の共通の友人の別荘で過ごしていたときに、

「盛夫ちゃん、渋谷の再開発事業の出店したいんやけど、何かいい作戦無いかなぁ？」

と聞いたら、「乾さん、明日たまたま渋谷スクランブルスクエアのリーシングの担当者と会う約束しているから、『串の坊』がエントリー希望している旨を伝えておきます」と。

ありがたい、ありがたい、持つべきものは友達、分厚かった岩盤がこじ開けられるかも知れないと感謝です。

翌日、渋谷スクランブルスクエアのリーシングを担当しているリトリーブの丸山朗社長から早速電話をいただき、「渋谷スクランブルスクエアに串の坊さん出店をご希望なさっていると伺いました。よろしければお時間戴いて打ち合わせしましょう」と返事をいただき、話がとんとん拍子に運びました。

スクラップアンドビルド

この出店と平行する形で、震災直前に初めて無借金で出店出来た記念すべき店舗である羽田国際空港ターミナル店は、同年9月末日で閉店することになりました。

というのも、そもそも『串の坊』は常連様に愛される店舗作りを目指していて、若干メニューや召し上がり方に解り難い一面があるのも魅力の一つと感じていますが、羽田空港という場所柄、空港側よりもっとお客様に解りやすくという要望にギリギリまで応えて来ました。

しかし、それも過ぎると他の『串の坊』とのギャップが大きくなるので限界が在りました。

さらに羽田空港側から、お客様は支払いの金額問題より時間の有る無しの問題が大きいので、20分、40分、60分と時間を区切ってのコースを設定してはどうかと提案がありました。

うちはマッサージ屋じゃー無いんだよと、若干イラッとしてしまったこともありますが、『串の坊』は代々、味にこだわり、この味に惚れてご来店いただけるお客様のみを誠心誠意おもてなしして現在が在ると認識しているのに、「20分しか時間ないから『串の坊』でいいや」と思って入店されたお客様に対して、私はスタッフに心を込めて接する様にとは、とても言えないと強く感じました。

現状では串カツはメニューなどで国際的にはまだまだ認知度が低いこともあり、解りづらいので空港側の『串の坊』に対する評価は低く、定期借家契約の更新では普通は最長5年契約ですが、『串の坊』は3年契約でさらなる再契約は未定と伝えられました。

私は、この先の契約も未確定の店舗に対して情熱を込め、愛情を注ぐことは困難であるので撤退を決めました。

羽田国際空港ターミナルから渋谷スクランブルスクエアへ

『串の坊』は世界に発信するために、羽田国際空港ターミナル店から世界中から人の集まる渋谷スクランブルスクエア移転と銘打って、この渋谷で魂を込めて商売する事に集中することにしました。

このような経緯で、羽田空港国際線ターミナル店は、２０１９年9月末日で閉店し、渋谷スクランブルスクエアは、同年11月1日にグランドオープンします。

この情報、現在極秘情報ですが、この本が出版される頃にはオープンな情報になっています。

「kushinobo 串揚げとふぐ料理の新世界」
「生まれかわるなら生きてるうちに」
2冊同時出版

プレミアつくのが嬉しいってのの不謹慎かな？

恵比寿にある『まんまる』という行きつけの居酒屋にジャイアンと呼ばれてる従業員がいます。

ジャイアンが「友達が、この前乾さんの本をAmazonで5千円出して買いましたよ」と、いきなりの話で最初は何のことかわかりませんでした。

2006年に出版した「kushinobo 美味しい串揚げの本」は実に4回の重版を重ねて、料理本としては異例の大ヒットとなっていました。

2019年には書店には在庫も無くなり、Amazonではプレミアが付いて定価以上の高値で取引される様になっていたみたいで、その人は定価1,500円の本を5,000円で購入してくれたということがわかりました。

さっそく、旭屋出版の担当の編集者に連絡して、第4版も売切れているし、こんな状況なので第5版出しませんかと提案しました。

そしたら編集者は、「こんなに売れる料理本はなかなか無いので、重版を重ねるよりあれから13年以上経って『串の坊』の料理も新しく生まれ変わったし、『六本木浜藤』の革新的な白トリュフ料理なども取り入れた料理本を新しく作りませんか?」と逆に提案してきました。

善は急げ 撮影はふぐと白トリュフから

断る理由は何もなく、2018年も既に秋だったので、さっそく、この季節しか撮影出来ない『六本木浜藤』の白トリュフふぐから撮影に取り掛かりました。そして年も明けて黒トリュフふぐ、ノーマルのふぐ料理と撮影し、「串の坊Special」で提供した料理と順調に撮影は進みました。

この新刊も舞台は六本木ヒルズ店。森田恭通氏をはじめ、たくさんのアーティストの作品が結集した店内装飾と新しい串カツ料理がテーマです。

これは小説? 随想録? とりあえず乾晴彦 これまでの人生論

そして、さらににもう一冊、私がこれまで経験して来たことを随想録にして出そうという話になりました。

串の坊グループは、20年以上前から「串の坊新聞」という社内報を作って半年に一度賞与の明細の中に同封していました。

私は一度も欠かす事なく、20数年、40数回に渡って、社員にその半年間で感じた事柄を書き続けました。

その時代に、在籍している従業員に何かを感じて貰いたい一心で書き連ねていました。同時に、『串の坊』にかつて在籍し現在独立している人達にも、懐かしいだろうと思い送って差し上げていました。

そうしたら複数の独立した元スタッフから、「『串の坊』で雇われている時には全く感じなかったことが、今同じ経営者としての立場に立ってみると、社長の文章は本当に心に突き刺さります」言われる様になりました。

そのことを編集者に話すと、「串の坊新聞を、見せて下さい。」と言われたので、それをコピーして渡しました。

「これをまとめると一冊の本になりますよ」と悪魔の囁き。

私は若くて頑張っている日本の経営者の指針に少しでもなれればと、俄然乗り気で取り掛かりましたが、短編をまとめるのは、極めて難しいものでした。

結局、今こうして『六本木浜藤』の創業時から現在に至るまでの出来事を「串の坊新聞」の生原稿をちょいちょい挟みながら、全てiPhoneのメモを使って、令和元年5月1日より書き下ろす事になりました。

乾晴彦役は亀梨和也!?

昔のことを思い出しながら書いていると、想像は膨らむもので、この本がNHK朝の連続ドラマ小説に選ばれたら嬉しいなと思ったりして。

一応、万が一選ばれた時のために、登場人物のキャスティングをしながら書いてます。

ちなみに乾晴彦役はやっぱり、大好きな「亀梨和也」かな。

このようにいろんな意味で、とても楽しみながら書き下ろしているのです。

まるで、何処かの大会でフルマラソンを走っているときのように。

筆者『串の坊銀座店』にて

串の坊 Special Night's 令和

ホントに期間中に書き下ろしてました

令和初で、8年目となる「串の坊Ｓｐｅｃｉａｌ」が、２０１９年5月20日月曜日から15日間始まりました。

初年度と2年目は3日間、それから5日間、1週間となり、基本的に私と直接連絡が取れる人だけを対象としているイベントなのですが、徐々に認知されてきて1週間の開催ではお客様が入りきれなくて、6年目には2週間の開催になりました。

7年目には15日間、17時と20時のスタートに分けて完全2回転制にして臨みました。

8年目の今回はリリースして早々に満席になり小さなコミュニティーにもかかわらず入れないお客様が続出してしまいましたが、『銀座寿司幸本店』や『鮨からく』、目黒の『鳥しき』も巻き込んでの会なので準備も複雑で、私も15日間集中することで、気力と体力の限界を感じているので日数も簡単に増やせません。

なんだろう この気分 野球の監督の様でもあり オーケストラの指揮者の様でもあり

「串の坊Special」のメニューはこの様に構成されていきます。

私が1年間、国内はもとより色んな国のレストランに訪問した際に記憶に残る料理のキーワードをメモに書き溜めます。

開催日の2週間くらい前にスタッフミーティングを開き私のインスピレーションが具現化出来得るかの打ち合わせをし、その後に献立構成を脳から絞り出します。

献立は、ソースを漬けて召し上がるという概念は無く、御料理に見立てた串カツ12本、串カツを寿司に見立てた寿司の坊というカテゴリーの串カツ3本、吉田牧場チーズ1本で合計16本という構成で、物足りないお役様のために、串カツのアンコールを6本用意してお好きな串カツをリクエストして戴きます。

コンサートのセットアップリストと同じような感覚で、串カツをお出しする順番を決める作業がとても楽しい時間なのです。

串の坊 Special Night's 令和 御献立

串カツ

1. 雲丹、鮪漬け、海苔、大和芋（小松 弥助）

金沢の小松弥助の森田一夫氏定番の逸品をオマージュしました。盛り付けの硝子食器は安田泰三氏の作品です。

2. 二億四千万の瞳 平成 ver.

郷ひろみ氏のために、平成の時代に考案した一品です。

二億四千万の瞳と云う代表曲をを串カツで具現化するために、うずら卵を２つ半熟にして揚げて瞳に見立て、その上にキャビアをふんだんにのせてそれを表現しました。

3. ビーフシチュー（栃木牛リブ芯）

牛肉のリブ芯を揚げて、自家製のデミグラスソースを掛けました。

4. 鯛の胡麻和合、蓮根饅頭（鮨 加楽久）

蓮根饅頭を揚げて、銀座鮨からくの名物「鯛の胡麻和合」をのせました。

5. ホワイトアスパラガスのスープ、地蛤（北海道）

春、ドイツのライン川の辺のレストランで食べたホワイトアスパラガスのスープに感動して早速オンメニューしました。

地蛤を揚げ、それをスープにクルトン代わりの雰囲気で入れて召し上がる料理です。

6. 白海老、卵、キャビア＆アボガド（Wakugin）

シドニーのレストラン「Tetsuya’s」のオーナーシェフ和久田哲也氏が、シンガポールで出店した「Wakugin」で、2010年に来訪した際、冷凍卵の黄身がこんなにもコクがあって美味しくなるものかと感動し、以後この卵を使った串カツを一品リストアップしています。

7. 鳥しきの坊　ハツ、つくね、腿肉、砂肝（目黒）

嘉門タツオ氏の還暦＆芸能生活40周年記念パーティーの料理で、「鳥しき」の御主人池川義輝氏とコラボして作った、鳥しきの串ネタのハツ、つくね、腿肉、砂肝を少しづつ串に刺し、焼かずに揚げるという料理を再現しました。タレは鳥しきの照タレに卵黄を混ぜました。

8. 鮑、フカヒレソース

プレミアム感を醸し出すために、鮑を用いた料理は必ず入れるようにしていますが、今回は鮑にフカヒレソースを掛けて中華のスタイルにしました。

9. 蛸柔らか煮（明石）

串カツの定番の蛸ですが、最高級の明石の蛸で時間を掛けて柔らか煮にして揚げ、甘酢を掛けました。

10. 宝山豚、トマトソース（鹿児島 西酒造）

鹿児島「宝山」の西陽一郎氏が焼酎の蒸留後の芋を餌にして育てた黒豚を揚げ、トマトソースを掛けてイタリアン風にしました。

11. 蚕豆とマスカットの天然鯛巻（明石）

蚕豆とマスカットを、明石の鯛で巻きました。

12. 鱚、紫蘇（江戸前）

新鮮な江戸前の鱚を、マヨネーズのセロリ、タマネギ、パセリのみじん切り、その上に紫蘇をのせました。

寿司の坊（銀座寿司幸本店）

寿司の坊は、鮨のシャリを揚げてネタをのせて召し上がる鮨のような串カツです。

『銀座寿司幸本店』に開催期間中は毎日、串カツ用に小さくシャリを握っていただき、それを串に刺して揚げます。

13. 鮪漬け、海鼠腸 、ペリーラ（小松弥助）

今年のテーマは「小松弥助」。弥助と同じようにバカラの器に漬けタレを仕込み、揚げたシャリに山葵、鮪漬け、海鼠腸、ペリーラをのせました。

14. アオリ烏賊、雲丹、トビコ、彩胡麻（小松弥助＋天寿司）

弥助風のアオリ烏賊を三枚に下ろし刻み、盛り付けは、雲丹、トビコ、彩胡麻を添えて小倉の天寿司の烏賊を連想させました。

15. 大間葱トロ（小松弥助）

大トロを切り、白髪ネギと合わせ、まな板の上で出刃包丁でトントンと叩いて作るネギトロ弥助風です。

吉田牧場チーズ

16. カチョカバロ、リコッタ、フルーツトマト

岡山の吉田牧場の吉田全作氏入魂のカチョカバロチーズを揚げて蜂蜜を掛け、リコッタチーズやドライフルーツを添えます。

串カツアンコール

雲丹軍艦巻（寿司幸本店）

雲丹の軍艦巻き、やはりシャリは揚がっています。

燻製岩牡蛎（宮崎）

岩牡蠣を自家製で燻製にしました。

グリーンアスパラガス（新潟）

串の坊定番のグリーンアスパラにバジルを刻んでのせました。

餅の唐墨巻

自家製の唐墨につき立ての餅を巻いて揚げ、更に唐墨をトッピングします。

鰻キュウ巻（小松 弥助）

今回は『小松弥助』の森田一夫氏にご来店いただけるということでしたので、どうしても鰻キュウをリストに入れたくて一番悩んだ料理。揚げた鰻と胡瓜を、海苔で手巻き寿司風に仕立てました。

二億四千万の瞳 令和 ver.

新しい令和時代の到来に際して、二億四千万の瞳令和ver. を考えました。

子持ち昆布を丸くカットして2つ串に刺して揚げ、それぞれに雲丹をのせてキャビアをふんだんにトッピングします。

「子持ち昆布と雲丹、キャビアを顕微鏡を使って、キチンと数えるとちょうど二億四千万あります。」という言葉を添えて。

二億四千万の瞳 令和ver.

絶対に此処にいないといけないというのもプレッシャー

２０１９年の「串の坊Ｓｐｅｃｉａｌ」も大盛況のうちに無事に終了しました。『六本木浜藤』のシーズン中もそうですが、私が居ないと始まらないので、期間中は病気や怪我にもかなり注意してます。

どの世界も同じでしょうが、私の場合、料理を考案することも重要ですが、絶対にその時間にはそこに居ないといけないと言うプレッシャーも中々痺れるものです。

ただ唯 皆さまに感謝しながら 一生懸命にやってます

35年前に『六本木浜藤』を始めた時には、星の数ほどあるレストランの中にあって、どうすればこっちに足を向けていただけるのかサッパリ解らず、実は今だにちゃんと理解は出来ていません。

とはいえ、銀座で12坪の小さな店舗にて、平均客単価３６,６００円程になる高価な食事にもかかわらず、15日間で５００人を超えるお客様にご来店いただき、予約も困難な程お客様に御愛顧いただける様になり、私にとってとても嬉しい状況になりました。

こうして生み出されたSpecial串カツは、このイベントの後に取捨選択され、『串の坊』全店のメニューに反映されることになります。

『六本木浜藤』や『串の坊』において、私は、お客様、周りの人達、そして従業員の皆さんに育てられているということを常に実感し、感謝しながら日々を過ごしています。

目指すべきところは私の心の中での得心

嘉門タツオ氏との他愛ない会話で、「なんかの統計で、1週間に2~3日を1回の食事に一人4万円以上支払って食べることの出来る人は日本全国に約2,000人。それが毎日ともなると、それでも800人おるやてェー。『六本木浜藤』や「串の坊Special」のお客様もその様な人達がたくさんご来店されているはずやで。その人達が世に言う、予約困難なレストランの先々の予約をルーティーンでしはるから、一般の人はなかなか予約が取れへんのよ」と。雑な情報ですが納得でした。

私が目指すところは、予約困難とか星がいくつなどで競うことでは無く、初志貫徹、ただ必死で心を込めて、美味しくて楽しい店造りを、気力体力がある限り続けることです。

為せば成る、為さねば成らぬ何事も、成らぬは人の為さぬなりけり。

物事を達成するまでにはかなり苦労しますし、成し得なかったことは、ほとんど忘れてしまいますが。

終わり

Lake Sar
サロマ湖
100km
FINISH

あとがき

この本の出版日、2019年9月23日は『六本木浜藤』が開店して丁度35周年。来年は『串の坊』創業70年。私はまだまだ頑張れますが、次の世代へたすきをつなぐ作業も私の大切な仕事です。

次世代への継承でもいろいろとありそう。あと1冊くらいは書けそうですね。

生まれかわるなら生きてるうちに

長渕剛氏の楽曲、「人生はラ・ラ・ラ」の中の歌詞の一部です。

私は随分昔から、この言葉の意味を考え続けて来た様な気がします。

特に、旧知の仲の人が身罷った時にはなおさらです。

この本のタイトルになるこの言葉、書き下ろした令和元年5月1日から同年7月29日までずっと頭から離れず、これしかないと思い、長渕剛氏に依頼すると、「乾さんの歴史に役に立つなら、そしてさらに頑張るように」と、すぐに快諾していただきました。

過労で倒れた時、入院中に思い出した「俺は歌手だから出来るだけ大きな声を張り上げて精一杯唄う、それだけだ。寿司屋は朝河岸でとびっきりの魚を仕込んで、精一杯お客さんに心を込めて握ればいい。それだけでいいんだ。」という言葉も長渕氏。

本当の意味で私は料理や生産者と向き合う様になりました。

そして、同氏の楽曲「Captain of the Ship」の中にある
幸せは、なるものでは無く、感じるものだ
という台詞は、私の周りの友人達が「幸せになりたい」といった様な言葉を発した時にはいつも伝えて来た言葉です。

スパースターも、私の大好きな憧れの人達も、私の料理を通じて仲良くなったり、本来ならこちらから逢いに行きたい人も、お金を支払ってまで向こうから私の料理を食べに、そして逢いに来てくれる。

それにしても、私は素敵な職業に就いたものです。

別に誰かに逢いたくて料理を作っている訳でもありませんが、これからも自分自身を磨いて磨いて、皆さんにもっともっと、こんな私に逢いたいと思われる男になりたい。

令和元年九月二十三日　　乾　晴彦

生まれかわるなら
生きてるうちに

発行日　2019年 9月23日　初版発行
　　　　2023年11月10日　第2版発行

著　者　乾　晴彦（いぬい　はるひこ）
発行人　早嶋　茂
発行所　株式会社旭屋出版
　　　　東京都新宿区愛住町23-2
　　　　ベルックス新宿ビルⅡ 6階 〒160-0005
　　　　電話　03-5369-6423（販売）
　　　　　　　03-5369-6424（編集）
　　　　FAX　03-5369-6431（販売）
　　　　旭屋出版ホームページ　https://www.asahiya-jp.com

　　　　郵便振替　00150-1-19572

◉編集　　　井上久尚
◉デザイン　冨川幸雄（Studio Freeway）

印刷・製本　株式会社シナノ
ISBN978-4-7511-1393-6　C 2034